하나님의
영으로
인도함을
받으라

목차

1. 2025 봄 하영인 새벽기도회
   오직 의인은 믿음으로 말미암아 살리라   5

2. 2024 가을 하영인 새벽기도회
   무너진 마음의 성을 재건하여 잘 지킵시다   91

3. 2024 봄 하영인 새벽기도회
   죽음을 이긴 사랑   165

2025 봄 하영인 새벽기도회

오직 의인은
믿음으로 말미암아 살리라

- 로마서

A. 2025 봄 하영인 새벽기도회 주제 및 암송 요절

1\. 주제

　오직 의인은 믿음으로 말미암아 살리라

2\. 암송 요절

　보라 그의 마음은 교만하며 그 속에서 정직하지 못하나 의인은 그의 믿음으로 말미암아 살리라 합 2:4

　복음에는 하나님의 의가 나타나서 믿음으로 믿음에 이르게 하나니 기록된 바 오직 의인은 믿음으로 말미암아 살리라 함과 같으니라 롬 1:17

3\. 로마서를 통해 예수 그리스도 안에 있는 믿음을 통해 유대인이나 이방인이나 차별 없이 모든 믿는 자에게 미치는 하나님의 의를 옷 입고 사는 삶의 방식에 대해 배워 봅시다.

B. 2025 봄 하영인 새벽기도회

1. 로마서를 가족들과 함께 여러 번 읽고 묵상하고 연구해 봅시다.

하영인 새벽기도회에 참여하면서 각자에게 주신 믿음의 교과서인 로마서를 여러 번 읽고 묵상합시다. 또한 열심 있는 분은 관련 자료를 검색하여 로마서의 배경지식을 연구해 보기를 권합니다. 말씀을 지식으로 이해하는 것을 넘어 자신의 마음 판에 성령을 통해 지워지지 않는 새 약속의 계명으로 깊이 새기는 것이 중요합니다.

2. 로마서 소책자 교안을 중심으로 개인이나 가족, 소그룹이 함께 낭독하고 토론해 보기를 권합니다.

로마서는 바울이 구원의 복음에 대해 가장 체계적이고 논리 정연하게 정리한 책입니다. 그 구원의 복음은 하나님의 약속대로 유대인으로 오신 예수 그리스도를 통해 모든 만민에게 차별 없이 주셨습니다.

로마서를 통해 세상 죄를 지고 십자가에 달려 자신을 희생제물로 드리신 예수 그리스도의 천국 복음의 비밀을 더 분명하게 깨닫고 확신하는 시간이 되기를 기도합시다.

3. 로마서를 통해 깨달은 예수 그리스도의 복음을 개인, 가정, 일터, 학교에 적용할 수 있는 실천적 방안에 대해 생각해 봅시다. 또한 하나님의 돕는 은혜의 능력을 힘입어 복음에 합당한 삶을 살 수 있기를 간절히 기도합시다.

　예수 그리스도의 복음을 지식적으로 안다 해도 죄가 왕 노릇 하는 세상에서 하나님의 능력(성령의 권능)을 힘입어 복음에 합당한 삶을 사는 것은 믿음의 선한 싸움을 통해 가능합니다. 하나님은 시험하는 자 마귀의 세력들이 주는 여러 가지 시험을 통해 우리를 하나님의 상속자다운 믿음의 그릇으로 연단하십니다. 그래서 사도들은 여러 가지 시험을 당할 때 온전히 기쁘게 여기며 인내를 온전히 이루라고 권면했습니다.(약 1:2-4) 십자가에 나타난 끊을 수 없는 하나님의 온전한 사랑을 깨닫는 은혜를 구함으로 모든 시험을 넉넉히 이기는 예수 복음의 증인들이 되어야 하겠습니다.(롬 8:37-39)

C. 2025 봄 하영인 새벽기도회 요일 별 성경 구절과 제목

첫째 주간 4월 21일(월) – 4월 26일(토)

1. (로마서 1장 13-17절) 오직 의인은 믿음으로 살리라!
2. (로마서 2장 4-11절) 먼저는 유대인에게 그리고 이방인에게
3. (로마서 3장 19-24절) 차별 없이 모든 믿는 자에게 미치는 의
4. (로마서 5장 14-21절) 한 사람 예수님의 순종을 본받읍시다!
5. (로마서 6장 12-18절) 우리의 지체를 의의 무기로 드립시다.
6. (로마서 8장 1-8절) 하나님의 영으로 인도함을 받고 있습니까?

둘째 주간 4월 28일(월) – 5월 3일 (토)

7. (로마서 9장 19-29절) 유대인과 이방인 중에서 부르신 긍휼의 그릇
8. (로마서 10장 16-21절) 우리가 전한 것을 누가 믿었나이까
9. (로마서 11장 25--33절) 순종하지 아니하는 가운데 가두어 두신 이유
10. (로마서 12장 1-8절) 우리 몸을 거룩한 산 제물로 드릴 때 주시는 복
11. (로마서 13장 11-14절) 어둠의 일을 벗고 빛의 갑옷을 입자!
12. (로마서 15장 14-20절) 생활 선교사는 복음의 제사장입니다

D. 로마서의 시대적 배경과 초대 교회의 상황

　로마서는 로마 시민권자이면서 헬라 지역 다소에서 자란 유대인 랍비를 통해 열방 모든 민족이 이해할 수 있도록 쓴 그리스도의 천국 복음에 대한 편지입니다. 기원후 57년경 땅끝의 이방인들에게 복음을 전하라는 사명을 받은 바울은 3차 선교 여행 시 에베소에서 3년의 생활 선교사 훈련 사역을 마무리한 후 고린도에 머물게 됩니다. 이때는 바울이 성령에 사로잡혀 에베소를 떠나 자신을 죽이려는 율법주의자들이 가득한 예루살렘으로 떠나려고 준비할 때입니다.(행 19-21장) 창세전에 바울을 택해 베냐민 지파 혈통에서 나게 하시고 로마 시민권자로 헬라어와 헬라 철학에 능통한 바리새파 중의 바리새파로 장성하도록 준비시키셨습니다. 약 30세쯤 예루살렘에서 열심히 율법을 가르칠 때 전염병처럼 퍼지는 이야기를 듣게 됩니다. 예수를 다시 오실 메시아로 믿는 자들은 유대인이든지 이방인이든지 하나님의 의를 힘입어 천국에 갈 수 있다는 복음이었습니다. 열렬한 율법주의자 바울은 대제사장에게 유대교 율법을 무너뜨릴 수 있는 예수 이단의 가르침을 따르는 자들을 색출하여 핍박하는 일에 앞장섭니다. 유대 종교법에 따라 예수 이단을 따르는 유대인들을 결박, 구속시킬 수 있는 공문을 갖고 다메섹으로 가던 중 부활의 주님을 만나게 됩니다. 기원후 35년경 그의 나이 30세 정도에 일어난 일이라 추정합니다.

  이 만남에서 큰 충격을 받은 바울은 예루살렘 교회의 사도들을 만난 후 아라비아 광야에서 고향인 헬라의 다소에서 7년, 총 10년간 은둔 생활을 하며 구약 성경에 대한 새 가르침을 받게 됩니다.(행 7-9장) 지혜와 계시의 성령님이 그의 마음 눈을 밝혀 구약의 율법과 역사서, 시편, 선지서의 모든 말씀이 주 예수 그리스도를 증거하고 있음을 확실하게 깨닫게 됩니다. (눅 24장, 롬 16:26, 갈 1:11-12, 엡 1:17-19 등)

> 형제들아 내가 너희에게 알게 하노니 내가 전한 복음은 사람의 뜻을 따라 된 것이 아니니라 이는 내가 사람에게서 받은 것도 아니요 배운 것도 아니요 오직 예수 그리스도의 계시로 말미암은 것이라 갈 1:11-12

  예수 그리스도의 복음을 전파하고 가르칠 준비가 되었을 때 바나바를 통해 시리아 안디옥 교회 부목사로 청빙을 받아 동역하게 됩니다.(행 11:19-26) 바울은 바나바와 함께 이방인 중심의 시리아 안디옥교회에서 일 년 정도 목회 인턴십을 한 후 성령의 인도하심으로 선교사 파송을 받습니다. 이때가 바울의 1차 선교 여행으로 기원후 46년부터 48년까지로 봅니다. 1차 선교 여행 후 열린 최초의 예루살렘 총회는 복음이 유대인만이 아닌 열방 모든 민족에게 전파되기를 기뻐하시는 하나님의 뜻을 깨닫고 이방인들도 복음을 쉽게 받아들일 수 있도록 법을 개정합니다. 원수 된 유대인과 이방인이 하나되게 하시는 성령의 강권적 역사에 예루살렘 교회의 사도들과 지도자들이 순종한 결과입니다. 교회 총회와 산하의 모든 기관은 주 예수 그리스도의 천국 복음을 땅 끝까지 전파하는 일을 효과적으로 진행하도록 돕는 것이 핵심 사명입니다. 예루살렘 교회의 총회 결과를 통해 이방인 복음 선교의 광대한 기회의 문이 열리게 됩니다. 유대인 중심의 예루살렘 교회의 영향력을 많이 받았던 바나바와의 다툼과 분열을 통해 하나님은 바울 중심의 이방인 선교 시대를 여십니다. 교회 성도들과 지도자들의 부족함과 연약함까지도 합력하여 이방인 복음 전파라는 선을 이루게 하셨습니다.(행 13-15장)

사도행전 16장부터 바울 중심의 2차, 3차 선교가 진행됩니다. 에베소의 두란노 서원을 중심으로 생활 선교사 훈련에 집중합니다. 이를 통해 지금의 터키인 소아시아 전역에 그리스도의 복음을 전파하고 가르칠 수 있는 사역자들이 배출됩니다. 이후로 에베소는 기독교가 로마의 국교가 되고 기원후 7세기경 이슬람이 일어나기 전까지 약 400년 이상 세계 복음화의 센터요 신

학의 중심 도시가 됩니다.(행 19-20장)

　로마서는 예루살렘교회가 핍박을 받을 때 로마로 간 유대인 성도들과 두란노 서원에서 바울에게 훈련을 받고 로마로 간 생활 선교사들에게 보낸 편지입니다. 바울은 3차 선교 사역을 통해 에베소에서 훈련받은 소수의(약 100-200여 명 정도로 추정) 생활 선교사들을 파송함으로 땅 끝까지 전파될 복음의 기지를 구축하게 됩니다. 그리스도의 영이 바울을 사로잡아 그를 죽이려는 율법주의자들이 가득한 예루살렘으로 가게 하신 이유는 사도행전 1장 8절의 말씀을 이루기 위함입니다.

> 오직 성령이 너희에게 임하시면 너희가 권능을 받고
> 예루살렘과 온 유대와 사마리아와 땅 끝까지 이르러
> 내 증인이 되리라 하시니라　행 1:8

　두란노 서원에서의 생활 선교사 훈련 사역을 마무리하고 예루살렘으로 가기 전 고린도에서 로마에 있는 성도들과 제자들에게 이 편지를 씁니다. 로마 시민권자로 라틴어와 로마 제도에 익숙하고, 헬라 철학과 언어에 능통하며 또 구약에도 정통한 유대인이자 세계인 바울이야말로 땅 끝까지 이방인들에게 그리스도의 복음을 전하기에 가장 적합한 인물이라 할 수 있습니다.

예루살렘에 들어간 바울은 하나님의 철저한 경호를 받으면서 가시라야 빌립보에 있는 분봉 왕의 저택 감옥에 갇히게 됩니다. 이때가 기원후 58-59년경입니다. 그 후 유대 분봉 왕과 로마 총독의 재판을 거쳐 최상급 법원인 로마 제국의 대법정에서 재판을 받고자 죄수의 신분으로 지중해를 건너가게 됩니다.(행 21-27장) 당시 성경의 주 무대인 지중해 연안 국가의 사람들이 땅 끝으로 알던 로마 특히 서바나(스페인)까지 천국 복음을 전파하는 것이 바울을 사로잡고 있는 하나님의 꿈이었습니다.

바울은 땅 끝까지 전파될 복음을 위해 자기 생명을 조금도 아끼지 않겠다는 그리스도의 심장을 이식한 사람이었습니다. 그를 가로막는 수많은 어려움이 있었지만 결국 로마에 도착하여 가택 연금됩니다. 이때가 기원후 60-61년경입니다. 로마에서 1차 투옥 중 에베소서, 빌립보서, 골로새서, 빌레몬서를 기록합니다. 어느 정도의 자유 상태에서 황제 근위병들의 경호를 받으며 찾아오는 로마 시민, 헬라인과 유대인과 제자들에게 복음을 전파하며 가르쳤습니다. 이때 바울은 모든 성경을 하나님의 나라와 주 예수 그리스도 중심으로 통달한 상태였습니다.(행 28장) 그래서 거침없이 담대하게 하나님 나라의 복음을 전파하며 가르칠 수 있었습니다.

바울이 온 이태를 자기 셋집에 머물면서 자기에게
오는 사람을 다 영접하고 하나님의 나라를 전파하며
주 예수 그리스도에 관한 모든 것을 담대하게 거침
없이 가르치더라 행 28:30-31

로마서를 통해 천국 복음이 유대인 만의 것이 아닌 주 예수 그리스도를 믿는 모든 자에게 차별 없이 주어지는 은혜의 선물인 것을 깨달을 수 있기를 바랍니다.

첫째 날
오직 의인은 믿음으로 살리라!
로마서 1장 13-17절

13 형제들아 내가 여러 번 너희에게 가고자 한 것을 너희가 모르기를 원하지 아니하노니 이는 너희 중에서도 다른 이방인 중에서와 같이 열매를 맺게 하려 함이로되 지금까지 길이 막혔도다
14 헬라인이나 야만인이나 지혜 있는 자나 어리석은 자에게 다 내가 빚진 자라
15 그러므로 나는 할 수 있는 대로 로마에 있는 너희에게도 복음 전하기를 원하노라
16 내가 복음을 부끄러워하지 아니하노니 이 복음은 모든 믿는 자에게 구원을 주시는 하나님의 능력이 됨이라 먼저는 유대인에게요 그리고 헬라인에게로다
17 복음에는 하나님의 의가 나타나서 믿음으로 믿음에 이르게 하나니 기록된 바 오직 의인은 믿음으로 말미암아 살리라 함과 같으니라

먼저 하나님의 말씀은 모세를 통해 유대인들에게 모든 사람이 죄인임을 입증하는 율법으로 전해졌습니다. 그래서 모세오경(창세기, 출애굽기, 레위기, 민수기, 신명기)에서는 흠 없는 짐승에게 자신의 죄를 전가해 대신 피 흘리게 하는 희생 제사를 제시합니다. 죄 없으신 예수께서 자기 몸을 하나님께 영원한 희생 제물로 단번에 드리심으로 그 피의 희생을 믿는 자는 누구든지 구원을 받게 하시려는 새 언약(신약)의 복음을 구약(옛 언약) 안에 숨겨 두신 것입니다. 이제 약속대로 오셔서 자신을 희생 제물로 드리신 예수 그리스도를 믿는 자는 유대인이든지 이방인이든지 차별 없이 구원을 주시는 생명의 성령의 법이 적용되는 새 언약의 시대가 열린 것입니다. 유대인으로서 이방인에게 복음을 전하는 사명을 맡은 바울은 예수를 구세주로 믿는 모든 자에게 구원을 주시는 하나님의 능력을 담대히 선포합니다.

> 내가 복음을 부끄러워하지 아니하노니 이 복음은 모든 믿는 자에게 구원을 주시는 하나님의 능력이 됨이라 먼저는 유대인에게요 그리고 헬라인에게로다
> 롬 1:16

복음을 부끄러워하지 않는다는 말에는 도리어 복음을 자랑한

다는 뜻이 포함되어 있습니다. 예수 그리스도의 천국 복음이 육체를 따라 사는 세상 사람들이 보기에는 연약하고 미련하게 보일지 모르지만 믿는 자에게는 구원을 이루는 하나님의 지혜와 능력인 것을 깨달았기 때문입니다. 세상 죄를 지신 하나님의 희생양으로 피 흘리신 예수 그리스도의 복음에는 죄인들을 구원하는 능력이 있음을 담대히 자랑했습니다. 능력이라는 헬라어 단어 두나미스(dýnamis, δύναμις)에는 다이너마이트와 같은 폭발력 있는 힘, 죽은 자를 살리는 권능의 의미가 있습니다.

바울은 한 번 더 복음의 핵심을 설명한 후 의롭다 함을 받은 성도의 삶의 방식에 대해 증거합니다.

> 복음에는 하나님의 의가 나타나서 믿음으로 믿음에 이르게 하나니 기록된 바 오직 의인은 믿음으로 말미암아 살리라 함과 같으니라 롬 1:17

의로우신 분은 오직 하나님 한 분 밖에 없습니다. 모든 죄인 된 사람들은 오직 죄를 사해 주시는 의로우신 재판장이신 하나님께서 보내신 구세주 예수를 믿는 믿음으로 하나님의 의롭다 하심을 선물로 받아 새출발을 할 수 있습니다. 예수 그리스도께서 약속대로 오시기 전인 구약 시대에도 죄를 흠 없는 짐승에게 전가해 피 흘리게 하는 방식으로 죄를 사해 주셨습니다. 그 은혜의 하나님을 믿는 믿음으로 사는 사람들이 의롭다 인정함을 받았습니다.

> 보라 그의 마음은 교만하며 그 속에서 정직하지 못
> 하나 의인은 그의 믿음으로 말미암아 살리라 합 2:4

하박국 시대의 성도들은 바벨론이라는 거대한 제국의 악한 통치로 인한 고통에 눌려 절망하며 탄식했습니다. 이때 하나님이 하박국 선지자에게 하신 말씀의 취지는 이러합니다.

"내가 지금 잠시 성도들을 정결케 하는 몽둥이로 더 악한 바벨론을 사용하지만, 오직 나의 소유가 된 백성들은 의로우신 재판장인 나를 믿는 믿음으로 내가 입혀주는 의의 옷을 입고 끝까지 살아야 한다."

구약 시대든지 신약 시대든지 하나님의 의는 인간의 행위나 공로가 아니라 오직 하나님을 믿는 믿음으로 주어지는 은혜의 선물입니다.

예수를 믿는 자에게 하나님이 은혜로 주시는 의의 옷을 입혀

주심으로 구원의 새출발을 하도록 기회를 주셨습니다. 첫 출발의 믿음은 연약하고 육신적입니다. 그러나 이 믿음의 출발점에서 시작하여 여러 가지 시험을 통해 그리스도의 장성한 믿음에까지 자라게 됩니다. 믿음의 조상 아브라함이 독자 이삭을 하나님께 번제물로 드린 믿음이 장성한 그리스도의 분량에 이른 믿음이라 할 수 있습니다. 아브라함은 이 믿음의 순종을 통해 하나님 아버지께서 독생자를 기꺼이 죄인들을 위해 희생 제물로 내주신 복음 계시의 통로가 됩니다. 모든 성도들은 예수 그리스도를 믿는 믿음으로 시작되는 구원의 출발점에서 시작하여 그리스도의 장성한 믿음까지 성장해 가는 어느 단계에 있다고 할 수 있습니다. 각자 어떤 단계에 있든지 그리스도의 장성한 믿음의 분량까지 계속 쉼 없이 성장해 갈 수 있기를 축복합니다. 예수 그리스도의 복음은 믿음의 삶을 통해 하나님의 능력으로 나타납니다.

오래전 유명한 줄타기 곡예사인 "찰스 블론딘(Charles Blondin)"은 나이아가라 폭포 위에 밧줄을 걸고 그 위를 건너는 묘기를 선보였습니다. 수천 명이 모여 그의 공연을 지켜보았습니다. 그는 심지어는 외발자전거를 타고 밧줄을 건너가기도 했습니다. 그는 놀라운 외줄타기 능력을 보여준 후 구경꾼을 향해 소리쳤습니다. "여러분, 제가 이 수레를 밀고 이 줄을 다시 건널 수 있을 거라 믿습니까?" 그러자 사람들은 열광하며 외쳤습니다. "물론입니다! 당신이라면 충분히 할 수 있습니다!" 곡예사 블론딘이 다시 외쳤습니다. "그렇다면, 내가 외줄을 타면서 밀이 수레에 올라탈 사람이 있습니까?" 순간 모든 사람이 다 조용해졌습니다. 아무도 자원하지 않았습니다. 모두가 믿는다고 말했지만, 자신의 생명을 맡길 정도의 충분한 신뢰는 없었던 것이죠. 블론딘은 그의 조수에게 외줄 위의 수레에 올라타게 한 후 안전하게 나이아가라 폭포를 건넜다고 합니다. 성도는 구경꾼이 되어서는 안 됩니다. 복음을 부끄러워하지 않고 주님의 멍에를 멜 수 있는 복음의 일꾼들이 다 되시기를 축복합니다.

둘째 날

먼저는 유대인에게 그리고 이방인에게

로마서 2장 4-11절

4 혹 네가 하나님의 인자하심이 너를 인도하여 회개하게 하심을 알지 못하여 그의 인자하심과 용납하심과 길이 참으심이 풍성함을 멸시하느냐
5 다만 네 고집과 회개하지 아니한 마음을 따라 진노의 날 곧 하나님의 의로우신 심판이 나타나는 그 날에 임할 진노를 네게 쌓는도다
6 하나님께서 각 사람에게 그 행한 대로 보응하시되
7 참고 선을 행하여 영광과 존귀와 썩지 아니함을 구하는 자에게는 영생으로 하시고
8 오직 당을 지어 진리를 따르지 아니하고 불의를 따르는 자에게는 진노와 분노로 하시리라
9 악을 행하는 각 사람의 영에는 환난과 곤고가 있으리니 먼저는 유대인에게요 그리고 헬라인에게며
10 선을 행하는 각 사람에게는 영광과 존귀와 평강이 있으리니 먼저는 유대인에게요 그리고 헬라인에게라
11 이는 하나님께서 외모로 사람을 취하지 아니하심이라

하나님의 깊은 지혜와 경륜을 따라 먼저 유대인에게 하나님의 말씀이 맡겨졌습니다. 특별히 믿음의 조상 아브라함과 이삭과 야곱의 후손 이스라엘 12지파를 애굽에서 생육 번성케 하신 후 출애굽을 통해 말씀을 맡기셨습니다. 하나님의 산에서 모세가 하늘에 계신 하나님께 받은 말씀은 땅에서 하나님의 백성이 되고자 하는 자들에게 주신 천국 법이었습니다.

모세를 통해 자기 백성 삼으신 성도들에게 주신 말씀은 율법, 계명, 규례 등 다양하게 불렸습니다. 주신 말씀을 지키면 반드시 조상들에게 주신 약속의 땅에 들어가서 안식과 풍요의 복을 누리게 하겠다는 약속을 맺은 것입니다. 이 약속의 말씀을 하나님의 산, 시내산에서 주셨다 해서 "시내산 언약"이라 합니다. 이스라엘 12지파 유대인들에게만 주신 말씀, 율법의 계명이 아니라 함께 어린 양의 피로 출애굽 한 이방인들에게도 주신 약속의 말씀입니다.(출 19-31장) 그러나 언약의 말씀을 출애굽 한 이스라엘은 물론 이방인 성도들도 지키지 못했습니다.(출 32장) 그럼에도 에브라임 지파 여호수아와 유다 지파 갈렙을 중심으로 출애굽 2세대 유대인과 이방인들이 함께 이스라엘 12지파로 편입되어 말씀에 순종하여 약속의 땅을 정복하기에 이릅니다.

그러나 다윗을 통해 약속의 땅에 세워진 이스라엘 12지파 제사장 나라도 탐심의 우상 숭배로 율법의 계명을 지키지 못하고 앗시리아와 바벨론 제국에게 차례로 멸망합니다. 옛적 모세를 통해 광야 교회 성도들이 말씀을 받은 증거로 주신 십계명의 두 돌판 앞에서 하나님의 가족이 되는 언약을 맺었지만 결국 지키지 못했습니다. 이스라엘의 역사를 통해 하나님의 말씀인 율법이 유대인이든지 이방인이든지 다 죄인임을 입증하는 죄와 사망의 법이 되고 말았습니다. 한 사람 아담의 불순종의 범죄로 인해 모든 사람이 천국의 법인 하나님 말씀에 따라 죄의 저주 아래 갇히게 된 것입니다. 하늘에 계신 의로우신 재판장께서 율법을 맡은 이스라엘을 통해 모든 사람이 하나님의 원수가 된 죄인임을 알려주신 것입니다. 이를 통해 아버지께서 보내사 세상 죄를 지고 대신 속죄하는 피를 흘리신 어린 양 예수의 은혜로만 영원한 약속의 땅, 천국으로 들어갈 수 있게 하신 것입니다.(롬 5장)

바울은 구약 율법과 선지자들의 모든 말씀, 이방인들의 언어와 문화에 능통했습니다. 유대인 랍비 출신의 바울이 택함을 받아 어린 양 예수 그리스도의 복음에 대해 새롭게 눈을 뜨게 됩니다. 지혜와 계시의 성령으로 율법의 수건에 가려져 어두웠던 그의 마음 눈을 은혜로 밝혀주신 것입니다. 옛 언약(구약)의 모든 말씀이 새 약속(신약)으로 오신 주 예수 그리스도의 초림과 재림을 통한 죄와 사망이 없는 하나님 나라 새 창조에 대한 말씀인 것을 확신하게 됩니다. 하나님의 신비 주 예수 그리스도를 통해 죄와 사망 권세를 잡은 원수로부터 만유를 회복하시려는 창세전에 정한 아버지의 뜻을 깨닫게 됩니다.(행 7-28장)

죄와 사망 권세를 잡고 이 세상 신으로 경배를 받고자 하는 마귀의 일을 멸하기 위해 죄인들 대신 죽음을 맛보시고 사망을 이기신 구세주 예수의 은혜가 먼저 유대인에게 주어졌음을 선포합니다. 그러나 하나님 아버지께서 구약 선지자들을 통해 장차 보내실 것을 여러 모양으로 약속하신 메시야 예수를 믿는 믿음으로 죄 사함을 받아 구원받은 은혜의 도리를 대부분의 유대인이 거부합니다.(롬 9-11장)

로마서 2장은 심판과 구원이 부활하신 예수 그리스도께 맡겨졌지만 유대인들은 자기 행위로 율법의 의를 이룰 수 있다고 생각하고 은혜의 복음을 배척하는 것에 대한 하나님의 진노를 증거합니다. 죄인들 대신 죽으시고 부활하신 예수 그리스도에 대한 믿음을 구원과 심판의 기준으로 삼으신 것이 하나님의 뜻임을 분명하게 밝힙니다. 복음은 유대인과 이방인을 나누는 것이 아닙니다. 누구든지 예수 그리스도의 흘리신 피의 은혜를 믿는 믿음으로 차별 없이 구원받는 생명의 성령의 법 적용을 받는 신약 시대가 열렸음을 선포한 것입니다.

지금은 의로우신 재판장께서 예수 그리스도의 재림의 때까지

한 사람이라도 더 구원받기를 오래 참으심으로 심판을 집행유예하고 계십니다.

> 혹 네가 하나님의 인자하심이 너를 인도하여 회개하게 하심을 알지 못하여 그의 인자하심과 용납하심과 오래 참으심의 풍성함을 멸시하느냐 롬 2:4

이 말씀의 "인자하심"(χρηστότης, chrēstotēs)은 단순한 친절이 아니라 돌이킬 기회를 계속해서 주시는 하나님의 성품을 의미합니다. 하나님은 유대인이든 이방인이든 누구든지 회개하기를 원하시기에 오래 참고 기다리고 계십니다. 그러나 독생자 예수를 희생 제물로 삼으시기까지 원수 된 죄인들을 사랑하신 그 하나님 아버지의 은혜를 멸시하면 결국 죄의 심판이 말씀하신 대로 임하게 됩니다. 주님이 다시 오실 때는 구원의 주요, 심판의 주로 나타나시기 때문입니다. 하나님께서는 각 사람에게 선물로 주신 마음의 자유의지를 따라 행한 대로 공평하게 갚아 주시는 분이십니다.

> 하나님께서 각 사람에게 그 행한 대로 보응하시되 롬 2:6

"보응하다"의 원어적 의미는 "정확히 되돌려 주다"입니다. 예수 그리스도를 믿어 하나님의 의를 옷 입고 하늘에 계신 하나님의 뜻을 땅에서도 이루어지기를 구하는 삶을 사는 사람들에게는 약속하신 상이 있습니다. 먼저는 신령한 내면에 주시는 영적인 상, 현세의 삶을 살 때 필요한 모든 공급, 나아가 부활의 몸을 입게 될 때 영원히 썩지 않을 상급과 면류관을 약속해 주셨습니다.

반대로 하나님 아버지께서 독생자 예수 그리스도를 통해 주신 죄 사함의 은혜를 거부하고 불순종할 때는 공의를 따라 심판이 있을 것을 경고하셨습니다. 먼저는 불순종하는 자들의 내면에 영적인 환난과 곤고가 있습니다. 악한 영에 사로잡혀 마음과 생각이 휘둘리기에 영적인 환난과 곤고가 있는 것입니다. 영원한 생명의 뿌리가 되시는 예수 그리스도와 끊어진 상태이기에 육체적으로, 세상적으로 형통한 듯해도 결국 좋지 못한 열매를 맺게 됩니다.(갈 5:19-21)

심판은 갑자기 오는 것이 아닙니다. 죄에 대한 하나님의 진노를 따라 계속 쌓이고 있는 것입니다.(롬 2:5) 믿는 우리가 살아가는 이 세상의 시간은 하나님이 은혜로 주신 경건에 이르기를 연습하며 복음을 전하라고 주신 때입니다. 적당히 미지근하게 영적 게으름에 빠져 안일하게 살아서는 안 됩니다.

악을 행하는 각 사람의 영에는 환난과 곤고가 있으리니 먼저는 유대인에게요 그리고 헬라인에게며 선을 행하는 각 사람에게는 영광과 존귀와 평강이 있으리니 먼저는 유대인에게요 그리고 헬라인에게라
롬 2:9-10

물질적, 영적으로 심고 거두는 법칙이 먼저는 유대인에게 그리고 헬라인에게 적용이 된다고 했습니다. 헬라인은 열방의 모든 민족을 의미한다고 보면 됩니다. 하나님은 성경 전체를 통해 유대인과 이방인(열방 모든 민족), 거룩한 나라(제사장 나라)와 세상 나라들을 구별하여 구원의 역사를 점진적으로 전개해 가고 계십니다. 유대교 전통을 갖고 있고 육체적으로 할례를 받았다고 구원하시고, 유대인이 아닌 이방인들이라고 심판하는 것이 아닙니다. 의로우신 재판장께서는 유대인이든 이방인이든 차별 없이 주 예수 그리스도를 믿는 자들에게는 누구든지 구원의 문을 열어 주십니다.

이는 하나님께서는 외모로 사람을 취하지 아니하심이라 롬2:11

초대 교회 당시 오순절날 부어진 성령의 권능으로 탄생한 예루살렘교회를 통해 예수 그리스도를 믿게 된 유대인 성도들이 있었습니다. 수년간 성령의 권능으로 크게 부흥했던 예루살렘교회는 핍박으로 인해 성도들이 온 유대와 사마리아와 땅 끝까지 흩어질 수밖에 없었습니다. 이들 유대인 성도들은 이방인들과 구별된 자신들의 외모(자신들만 하나님께 선택된 거룩한 백성이라는 혈통적, 종교적 배경)에 집착하지 않고 핍박으로 인해 흩어져 이스라엘 주변의 이방인들에게 천국 복음을 전하는 생활 선교사가 되었습니다. 대표적인 성경의 사례를 들면 천막을 만드는 업을 통해 바울과 동역했던 브리스길라와 아굴라 부부입니다. 초기 교회 시대의 교부 유세비우스가 쓴 교회사에는 "가난하지만 풍성한 자"로서 자신이 가진 것으로 여행자들을 섬기고, 유대 회당에서 조용히 예수를 증거하는 무명의 유대인 성도들에 대한 기록이 단편적으로 등장하기도 합니다. 또 다른 초기 교회의 문헌과 전승들에도 예루살렘에서 복음을 듣고 흩어진 소수의 유대인이 자비량 생활 선교사로서 비지니스하며 복음을 전했다고 합니다.
　이방인 교회들이 탄생하는 과정에서 유대인 성도에게 진 복음의 빚에 대해 결코 잊지 말아야 하겠습니다. 먼저는 유대인에게 그리고 이방인에게 주 예수 그리스도를 통한 심판과 구원이 차별 없이 적용되는 것입니다. 선한 행실로 하나님을 뜻을 이루는 지혜의 삶을 살아갑시다.

| 셋째 날

차별 없이 모든 믿는 자에게 미치는 의
로마서 3장 9-24절

9 그러면 어떠하냐 우리는 나으냐 결코 아니라 유대인이나 헬라인이나 다 죄 아래에 있다고 우리가 이미 선언하였느니라 10 기록된 바 의인은 없나니 하나도 없으며 11 깨닫는 자도 없고 하나님을 찾는 자도 없고 12 다 치우쳐 함께 무익하게 되고 선을 행하는 자는 없나니 하나도 없도다 13 그들의 목구멍은 열린 무덤이요 그 혀로는 속임을 일삼으며 그 입술에는 독사의 독이 있고 14 그 입에는 저주와 악독이 가득하고 15 그 발은 피 흘리는 데 빠른지라 16 파멸과 고생이 그 길에 있어 17 평강의 길을 알지 못하였고 18 그들의 눈 앞에 하나님을 두려워함이 없느니라 함과 같으니라 19 우리가 알거니와 무릇 율법이 말하는 바는 율법 아래에 있는 자들에게 말하는 것이니 이는 모든 입을 막고 온 세상으로 하나님의 심판 아래에 있게 하려 함이라 20 그러므로 율법의 행위로 그의 앞에 의롭다 하심을 얻을 육체가 없나니 율법으로는 죄를 깨달음이니라 21 이제는 율법 외에 하나님의 한 의가 나타났으니 율법과 선지자들에게 증거를 받은 것이라 22 곧 예수 그리스도를 믿음으로 말미암아 모든 믿는 자에게 미치는 하나님의 의니 차별이 없느니라 23 모든 사람이 죄를 범하였으매 하나님의 영광에 이르지 못하더니 24 그리스도 예수 안에 있는 속량으로 말미암아 하나님의 은혜로 값 없이 의롭다 하심을 얻은 자 되었느니라

믿음의 조상 아브라함의 혈통 모세를 통해 하늘에 계신 하나님의 천국 법을 주셨습니다. 이 율법은 아브라함의 혈통 이스라엘 12지파, 유대인에게만 주신 것이 아닙니다. 열방 모든 민족 즉 이방인들에게도 주신 율법입니다. 하늘 아래 땅에 거하는 모든 사람은 하나님의 말씀, 천국 법을 그대로 적용하면 의인이라고 인정받을 사람이 하나도 없습니다. 이 사실을 예수 그리스도의 죄 사함의 복음을 전하는 사명을 받은 바울은 이방인에게 담대히 선언합니다. 율법을 맡은 자기들만 의롭고 율법을 모르는 이방인들은 다 하나님께 정죄를 당했다고 생각하는 유대인들에게 이 선언은 받아들이기 힘든 걸림돌이 되어 버렸습니다. 그래서 예수 그리스도의 복음의 은혜가 이방인의 때가 찰 때까지 유대인에게서 이방인에게로 향하게 된 것입니다.

> 그러면 어떠하냐 우리는 나으냐 결코 아니라 유대인이나 헬라인이나 다 죄 아래에 있다고 우리가 이미 선언하였느니라 롬 3:9

첫 사람 아담의 범죄 이후 모든 사람이 하늘 대법정에서 이미 죄로 인해 사형 선고받았음을 로마서 3장 10절부터 18절까지 구약 시편과 선지서를 인용하여 설명합니다. 이대로 두면 하늘 대법정의 악질 검사인 사탄의 율법(천국 법)에 근거한 고소에 따라 모든 사람이 영원한 심판을 받을 수밖에 없게 된 것입니다. 그래서 하나님 아버지 하늘 대법정의 의로우신 재판장님이 죄를 이길 수 없고 죽을 수밖에 없는 육체적 존재가 된 인생들에게 은혜를 베풀어 주셨습니다. 성자 하나님이 죄 없으신 독생자를 죽을 수밖에 없는 종의 형체를 가진 사람으로 보내 대신 속죄양으로 죽어 부활케 하심으로 이제 그를 믿는 자에게는 구원의 길을 열어주신 것입니다.

> 하나님이 세상을 이처럼 사랑하사 독생자를 주셨으니 이는 그를 믿는 자마다 멸망하지 않고 영생을 얻게 하려 하심이라 요 3:16

그래서 예수 그리스도의 복음은 두 번 죽을(둘째 사망, 영원한 형벌을 받는 부활) 수밖에 없는 모든 죄인 된 사람들에게 큰 기쁨의 좋은 소식(복음, good news)이 되는 것입니다. 천사들은 이 사실을 잘 알았기에 밤중에 자기 양 떼를 지키던 베들레헴(영생의 떡집) 목동들에게 성자 하나님이 모든 사람의 죄를 대속하시기 위해 약속대로 한 아기로 태어난 복음을 이렇게 전한 것입니다.

천사가 이르되 무서워 말라 보라 내가 온 백성에게
미칠 큰 기쁨의 좋은 소식을 너희에게 전하노라
눅 2:10

　이미 정죄 당해 죽을 수밖에 없는 육체의 생명이 전부인 줄 아는 사람들에게는 그리스도의 죄 사함, 영생의 복음이 큰 기쁨의 좋은 소식으로 받아들여지기가 어렵습니다. 육체에 결박된 마음이 지혜와 계시의 성령에 사로잡힐 때 비로소 죄 사함의 복음이 큰 기쁨의 좋은 소식으로 깨달아지기 시작하는 것입니다. 그리스도의 복음을 믿는 성도가 되었어도 늘 말씀을 가까이하고 기도해야 합니다. 그리할 때 말씀과 성령 충만함을 옷 입어 마치 사람 천사 같은 신령한 체질이 되어 복음을 누리며 전할 수 있는 능력을 갖출 수 있기 때문입니다. 그리스도의 복음을 믿고 하나님의 의롭다 함을 옷 입게 된 성도들은 성령으로 시작했기에 육체로 마쳐서는 안 됩니다. 끝까지 성령으로 행할 때 큰 기쁨의 좋은 소식을, 좋은 열매를 더 많이 맺을 수가 있기 때문입니다.

만일 우리가 성령으로 살면 또한 성령으로 행할지니
헛된 영광을 구하여 서로 노엽게 하거나 서로 투기
하지 말지니라 갈 5:25-26

바울은 다시 하늘 대법정의 천국 법(율법의 말씀)을 따라 모든 사람이 사형 선고를 받은 상태인 것을 선언한 후 하나님의 은혜로 값없이 주시는 하나님의 의를 힘입어 구원을 받는 길을 제시합니다.

> 모든 사람이 죄를 범하였으매 하나님의 영광에 이르지 못하더니 그리스도 예수 안에 있는 속량(죄의 값을 대신 지불하심)으로 말미암아 하나님의 은혜로 값없이 의롭다 하심을 얻은 자 되었느니라
> 롬 3: 23-24

부자와 거지가 함께 바다에 빠졌습니다. 구조대가 헬리콥터를 타고 와서 줄을 내려 줍니다. 줄은 딱 하나입니다. 누구든지 먼저 그 줄을 붙드는 사람이 구원을 받습니다. 구조대는 학벌이 어떤지, 돈이 많은지, 죄를 얼마나 지었는지, 나이가 몇 살인지 묻지도 따지지도 않습니다. 믿음으로 그 줄을 끝까지 붙드는 사람은 누구든지 차별 없이 구조합니다. 구원의 생명줄인 예수 그리스도의 복음을 끝까지 붙들 수 있기를 축원합니다.

| 넷째 날

한 사람 예수님의 순종을 본받읍시다
로마서 5장 14-21절

14 그러나 아담으로부터 모세까지 아담의 범죄와 같은 죄를 짓지 아니한 자들까지도 사망이 왕 노릇 하였나니 아담은 오실 자의 모형이라
15 그러나 이 은사는 그 범죄와 같지 아니하니 곧 한 사람의 범죄를 인하여 많은 사람이 죽었은즉 더욱 하나님의 은혜와 또한 한 사람 예수 그리스도의 은혜로 말미암은 선물은 많은 사람에게 넘쳤느니라
16 또 이 선물은 범죄한 한 사람으로 말미암은 것과 같지 아니하니 심판은 한 사람으로 말미암아 정죄에 이르렀으나 은사는 많은 범죄로 말미암아 의롭다 하심에 이름이니라
17 한 사람의 범죄로 말미암아 사망이 그 한 사람을 통하여 왕 노릇 하였은즉 더욱 은혜와 의의 선물을 넘치게 받는 자들은 한 분 예수 그리스도를 통하여 생명 안에서 왕 노릇 하리로다
18 그런즉 한 범죄로 많은 사람이 정죄에 이른 것 같이 한 의로운 행위로 말미암아 많은 사람이 의롭다 하심을 받아 생명에 이르렀느니라
19 한 사람이 순종하지 아니함으로 많은 사람이 죄인 된 것 같이 한 사람이 순종하심으로 많은 사람이 의인이 되리라
20 율법이 들어온 것은 범죄를 더하게 하려 함이라 그러나 죄가 더한 곳에 은혜가 더욱 넘쳤나니
21 이는 죄가 사망 안에서 왕 노릇 한 것 같이 은혜도 또한 의로 말미암아 왕 노릇 하여 우리 주 예수 그리스도로 말미암아 영생에 이르게 하려 함이라

로마서 4장은 하나님의 말씀을 믿는 믿음으로 떠난 아브라함이 하나님의 의롭다 함을 옷 입는 모든 믿음의 사람들의 조상임을 알려줍니다. 아브라함이 율법의 말씀을 맡은 유대인들의 혈통적 조상이 아니라 예수 그리스도를 통해 죄 사해 주심을 믿는 모든 믿는 자의 조상이 됨을 설명한 것입니다.

하늘에 계신 의로우신 재판장이신 하나님이 아브라함을 의롭다고 하신 이유는 그의 행위가 아니라 하나님을 믿는 그의 믿음 때문이었습니다. 더 정확하게 말하면 믿음으로 하나님의 말씀에 순종했기 때문입니다. 특히 하나님이 아브라함을 모든 믿는 자의 조상이 될 자격이 있다고 인정하신 결정적 이유는 믿음으로 독자 이삭을 바친 온전한 순종 때문이었습니다. 바울은 독자 이삭을 번제물로 드린 아브라함의 믿음을 장성한 그리스도께서 자신을 희생 제물로 하나님께 드리신 믿음의 예표요 모형으로 보았습니다. 아브라함이 약속의 씨, 이삭을 하나님께 번제물로 드린 믿음을 그리스도 예수 안에 있는 믿음으로 본 것입니다. 죄로 인해 죽을 수밖에 없는 자에게 부활 생명을 주시는 믿음입니다. 또 죄가 왕 노릇하는 옛 창조에 속한 세상을 심판한 후 죄와 사망이 없는 새 세상을 능히 창조할 수 있는 전능하신 하나님에 대한 그리스도 예수 안에 있는 믿음으로 이해한 것입니다.

> 기록된 바 내가 너를 많은 민족의 조상으로 세웠다 하
> 심과 같으니 그가 믿은 바 하나님은 죽은 자를 살리시
> 며 없는 것을 있는 것으로 부르시는 이시니라 롬 4:17

즉 이 믿음은 사람의 믿음이 아니라 하나님이 원수 된 죄인들을 위해 독생자를 희생 제물로 주신 하나님의 믿음(그리스도 예수 안에 있는 믿음)으로 본 것입니다. 아브라함이 이삭을 드리는 믿음의 순종을 히브리서 저자는 이렇게 증거했습니다.

> 아브라함은 시험을 받을 때에 믿음으로 이삭을 드렸
> 으니 그는 약속들을 받은 자로되 그 외아들(KJV: his
> only begotten son, 약속의 씨 독생자)을 드렸느니라
> 히 11:17

주님의 혈육 동생으로 베드로와 함께 예루살렘교회를 이끌었던 야고보는 믿음으로 하나님의 의를 옷 입을 수 있다는 이 복된 가르침을 성도들이 잘못 이해할 수 있는 위험성을 교정해 줍니다. 하나님께서 주 예수 그리스도의 복음을 믿는 죄인들에게 하나님의 의를 옷 입혀 주시지만 말씀에 순종(행함)함으로 죄를 떠나 거룩의 삶을 지속적으로 이루어 가야 함을 강조한 것입니다.

구원은 예수 그리스도의 복음을 믿음으로 받지만 복음에 합당한 삶의 열매가 나타나야 합니다.

> 우리 조상 아브라함이 그 아들 이삭을 제단에 바칠 때에 행함(순종함)으로 의롭다 하심을 받은 것이 아니냐 네가 보거니와 믿음이 그의 행함(순종함)과 함께 일하고 행함(순종함)으로 믿음이 온전하게 되었느니라 약 2:21-22

바울은 계속해서 로마서 5장을 통해 죄의 출발과 하나님의 의의 새출발을 인류의 대표 두 사람, 곧 첫 사람 아담과 마지막 아담 예수 그리스도를 대비시켜 설명합니다. 한 사람 아담의 불순종이 죄와 죽음을 가져왔고, 또 다른 한 사람의 순종은 의와 생명의 은혜를 가져왔습니다.

> 한 사람이 순종하지 아니함으로 많은 사람이 죄인 된 것 같이, 한 사람이 순종하심으로 많은 사람이 의인이 되리라 롬 5:19

"한 사람 아담의 순종하지 아니함"(παρακοή, parakoē)의 원어적 뜻은 하나님의 말씀을 의도적으로 외면하는 완악한 마음의 태도를 말합니다. 반면에 "한 사람 예수님의 순종하심"의 원어적 뜻은 하나님의 말씀에 완전하고도 전인격적인 복종을 의미합니다. 한국 교회 최초의 중국 파송 선교사로 사역하셨던 방지일 목사님은 믿음으로 말미암은 성도의 순종을 그리스도의 말씀 앞에 온전히 백기 투항, 무조건 항복하는 것으로 비유했습니다. 순종은 하나님의 말씀을 지식으로 아는 것으로 부족합니다. 말씀에 굴복하여 믿음으로 행할 수 있는 용기가 순종인 것입니다.

하나님의 말씀 앞에서 주님처럼 늘 "예"(순종)가 되는 삶을 삽시다. 믿는다고 하면서도 아담처럼 "아니오"(불순종)가 되면 하나님의 돕는 은혜의 능력이 나타나지 않습니다. 행함이 없는 죽은 믿음이기 때문입니다. "한 사람이 순종하심으로 많은 사람이 의인이 되리라" 이 말씀이 생활 선교사의 삶을 살기 원하는 우리 모두의 삶을 통해 입증되기를 소망합니다.

미국의 오래된 한 마을의 기차역에서 일하던 철로 전환기 조작원이 열차의 방향을 바꾸는 전환기 스위치를 잘못 당겨 많은 사람이 죽는 큰 사고가 일어났습니다. 이 사건 후 철도 회사는 모든 기차역에 있는 철로 전환기 옆에 이런 문구를 적어서 붙였다고 합니다.

"당신 한 사람의 손이 수백 명의 생명을 책임집니다."

다섯째 날

우리의 지체를 의의 무기로 드립시다

로마서 6장 12-18절

12 그러므로 너희는 죄가 너희 죽을 몸을 지배하지 못하게 하여 몸의 사욕에 순종하지 말고
13 또한 너희 지체를 불의의 무기로 죄에게 내주지 말고 오직 너희 자신을 죽은 자 가운데서 다시 살아난 자 같이 하나님께 드리며 너희 지체를 의의 무기로 하나님께 드리라
14 죄가 너희를 주장하지 못하리니 이는 너희가 법 아래에 있지 아니하고 은혜 아래에 있음이라
15 그런즉 어찌하리요 우리가 법 아래에 있지 아니하고 은혜 아래에 있으니 죄를 지으리요 그럴 수 없느니라
16 너희 자신을 종으로 내주어 누구에게 순종하든지 그 순종함을 받는 자의 종이 되는 줄을 너희가 알지 못하느냐 혹은 죄의 종으로 사망에 이르고 혹은 순종의 종으로 의에 이르느니라
17 하나님께 감사하리로다 너희가 본래 죄의 종이더니 너희에게 전하여 준 바 교훈의 본을 마음으로 순종하여
18 죄로부터 해방되어 의에게 종이 되었느니라

교회는 머리 되신 그리스도의 몸입니다. 성도들은 그리스도와 한 몸의 다양한 지체들입니다.(롬 12:4-5) 그래서 그리스도의 몸 된 교회에 속한 성도들을 지체라고 말하는 것입니다. 나무로 비유한다면 거룩한 뿌리, 즉 죄인들을 정죄하지 않는 예수 그리스도의 십자가에 나타난 하나님의 사랑에 뿌리를 내려서 자란 복음의 나무에 붙은 가지들처럼 믿음으로 접붙여지는 것입니다. 반면에 죄인들을 정죄하는 공의의 율법, 즉 사망의 쓴 뿌리를 따라 자라난 율법의 나무에 붙은 가지들처럼 율법을 행함으로 하나님의 의를 이룰 수 있다는 믿음으로 붙어 있다면 결국 정죄를 당하고 말 것입니다. 예수 그리스도의 십자가 희생의 은혜로 하나님의 의에 값없이 옷 입을 수 있다는 복음을 믿는 믿음은 에덴동산의 생명나무에 가지들(지체들)로 다시 접붙여진다는 뜻입니다.(롬 11:15-24) 더 정확하게 말한다면 하나님과 원수가 되게 하는 육신의 생각(하나님의 말씀이 아닌 각자의 소견을 따라 판단)을 주님과 함께 십자가에 못 박을 때 믿음으로 영원한 생명나무에 가지로 접붙여지는 것입니다.(요 15:1-8) 바울은 예수 그리스도의 복음을 믿음으로 생명나무에 가지로 접붙여져 마침내 부활의 열매(영생의 열매)를 맺는 진리를 이렇게 설명했습니다.

> 만일 우리가 그의 죽으심과 같은 모양으로 연합한 자가 되었으면 또한 그의 부활과 같은 모양으로 연합한 자도 되리라 롬 6:5

바울은 영원한 생명나무가 되시는 예수님의 복음을 믿음으로 가지(지체)로 접붙여지는 것을 넘어 더 적극적인 헌신의 도전을 합니다. 부활하신 그리스도와 한 몸이 된 우리의 몸(지체)을 의의 무기로 하나님께 드리라고 합니다. 우리 몸을 하나님이 기뻐하시는 거룩한 산 제물로 드리라는 권면과 본질상 같은 의미입니다.(롬 12:1) 죄의 권세가 역사하는 통로가 되는 우리의 죽을 몸(지체)을 하나님께 의의 무기로 드림으로 죄의 유혹을 이기고 순종의 종으로 의의 열매를 더 많이 맺으라고 도전한 것입니다.

> 그러므로 너희는 죄가 너희 죽을 몸을 지배하지 못하게 하여 몸의 사욕(육체의 정욕)에 순종하지 말고 또한 너희 지체를 불의의 무기로 죄에게 내주지 말고 오직 너희 자신을 죽은 자 가운데서 다시 살아난 자(주 예수 그리스도) 같이 하나님께 드리며 너희 지체를 의의 무기로 하나님께 드리라 롬 6:12-13

이 말씀에서 "지체"(μέλη, mele)는 원어로 몸의 각 부분을 의미하지만, 몸으로 행하는 삶의 모든 태도와 방향성을 포함합니다. 또 "무기"(ὅπλον, hoplon)는 군사 무기, 방어 장비와 공격용 무기를 의미합니다. 즉 너희 지체를 의의 무기로 하나님께 드리라는 말씀은 자신의 삶을 하나님의 뜻을 이루는 영적 전투를 위해 사용하라는 의미입니다. 그리스도와 한 몸 된 교회의 다양한 지체가 된 성도들에게 하나님의 전신갑주를 입고 악한 영의 군대들과 싸워 이기라는 에베소서의 결론적 권면도 같은 의미라 할 수 있습니다.(엡 6:10-17) 단지 예수 그리스도의 복음을 믿어 개인의 믿음을 지키는 것을 넘어 복음을 전하기 위한 의의 무기로 우리 삶을 하나님께 드릴 수 있는 믿음까지 성장할 수 있기를 축복합니다.

평양 근교의 평범한 농부 김영철은 1907년 평양 대부흥 때 예수 그리스도를 인격적으로 만나게 됩니다. 이 만남의 체험을 통해 자기 지체를 하나님께 의의 무기로 드리기로 결단합니다. 이때부터 그는 "하나님께서 주신 이 땅은 단지 곡식을 거두기 위한 밭이 아니라, 복음을 뿌리기 위한 밭"이라고 생각했습니다. 김영철 집사는 새벽기도로 일과를 시작했고, 밭에 일하면서도 찬송을 부르고, 성경을 늘 가지고 다니면서 틈틈이 이웃들에게 복음을 전하는 삶을 살았다고 합니다. 늘 자신을 "배움 없는 농부"라 말했지만 교회학교 교사, 새벽집회 인도자, 마을 장례 예배 인도자 등 목회자들이 부족했던 당시에 평신도 사역자로 귀하게 쓰임을 받았습니다. 기록에 의하면 1922년 마을에 흉년이 들어 많은 이들이 굶주릴 때, 자기 곡식 창고를 열어 가난한 자들에게 나눠 주며 복음을 전하면서 이런 말을 했다고 합니다.

"복음은 배부른 자의 것이 아니라, 배고픈 자와 함께 나눠야 할 생명의 떡입니다."

그가 평생 일군 밭에는 후에 작은 예배당이 세워졌다고 합니다. 1936년 김영철 집사는 임종하기 직전 가족들에게 이런 유언을 남깁니다.

"내 평생 곡식을 심었지만, 진짜 열매는 사람의 영혼이더라. 내 밭에서 곡식도 자랐고, 성도도 자랐다. 주님께서 나 같은 농부도 쓰셨다. 너희도 주님께 뿌리고, 많은 열매를 거두거라."

여섯째 날
하나님의 영으로 인도함을 받고 있습니까?
로마서 8장 1-8절

1 그러므로 이제 그리스도 예수 안에 있는 자에게는 결코 정죄함이 없나니
2 이는 그리스도 예수 안에 있는 생명의 성령의 법이 죄와 사망의 법에서 너를 해방하였음이라
3 율법이 육신으로 말미암아 연약하여 할 수 없는 그것을 하나님은 하시나니 곧 죄로 말미암아 자기 아들을 죄 있는 육신의 모양으로 보내어 육신에 죄를 정하사
4 육신을 따르지 않고 그 영을 따라 행하는 우리에게 율법의 요구가 이루어지게 하려 하심이니라
5 육신을 따르는 자는 육신의 일을, 영을 따르는 자는 영의 일을 생각하나니
6 육신의 생각은 사망이요 영의 생각은 생명과 평안이니라
7 육신의 생각은 하나님과 원수가 되나니 이는 하나님의 법에 굴복하지 아니할 뿐 아니라 할 수도 없음이라
8 육신에 있는 자들은 하나님을 기쁘시게 할 수 없느니라

이방인들에게 그리스도의 복음을 전하는 사명을 받은 바울은 하나님의 말씀을 자신의 힘으로 지켜보려고 최선을 다합니다. 그럼에도 자신의 노력과 공로로는 말씀을 온전히 지켜 하나님의 의에 이를 수 없다는 사실을 뼈저리게 깨닫고 절망하게 됩니다. 복음을 믿었지만 자기 능력으로는 하나님의 말씀을 온전히 지킬 수 없어 죄의 법(율법의 말씀의 정죄)의 포로가 될 수밖에 없는 죄인임을 다시 확인하게 된 것이죠. 하나님은 때로 예수 그리스도의 복음이 얼마나 소중한지를 깨닫게 하시기 위해 우리를 죄와 사망의 음침한 골짜기로 인도하시기도 합니다. 그 골짜기에서 하나님의 말씀을 온전하게 지킬 수 없음으로 인한 절망과 심한 죄책감에 시달리도록 허락하시죠. 어떤 신학자들은 이를 성령님의 골짜기 사역이라 부르기도 합니다.

자신의 죄로 인해 절망하는 골짜기 상황에서 목마른 사슴처럼 그의 영혼이 주님을 더 간절히 찾게 하심으로 은혜로 주신 그리스도의 복음을 더 깊이 깨닫게 하시려는 의도입니다. 의롭게 살기를 힘썼던 모든 믿음의 사람은 정도의 차이만 있을 뿐 다 이런 경험을 합니다. 종교 개혁자 마틴 루터나 감리교단의 창시자 요한 웨슬레도 이런 골짜기 체험을 통해 죄에 눌린 자신들의 영혼을 성령께서 사로잡아 정죄하지 않는 복음의 은혜 앞으로 들어 올리는 감격을 맛보았습니다. 이를 통해 복음의 은혜를 더 깊이 마음 판에 새길 수 있게 하신 것입니다. 바울은 자신 안에 죄의 소원을 따라 살기 원하는 겉 사람(육체)과 하나님의 법을 따라 살기 원하는 속 사람(성령으로 거듭난 영혼의 사람)이 동시에 존재함을 보게 됩니다. 하나님의 말씀 앞에 자신의 겉 사람과 속 사람이 투쟁하는 모습을 마치 제삼자의 과학자처럼 관찰했습니다. 바울의 자기 내면에 대한 관찰은 그리스도의 복음을 믿지만 동시에 우리의 허물과 죄를 율법으로 참소하는 마귀의 공격으로 고통스러워하는 우리 안에서 일어나는 영적 투쟁의 모습이기도 합니다.

> 오호라 나는 곤고한 사람이로다 이 사망의 몸에서 누가 나를 건져내랴 우리 주 예수 그리스도로 말미암아 하나님께 감사하리로다 그런즉 내 자신이 마음으로는 하나님의 법을 육신으로는 죄의 법을 섬기노라 롬 7:24-25

바울은 하나님의 말씀을 온전히 지킬 수 없는 연약함으로 인해 마귀의 집중적인 참소를 받는 상황에서 성령의 도우심으로 자신의 모든 죗값을 십자가에서 다 지불하신 복음의 은혜를 더 깊이 깨닫게 됩니다. 하늘의 법정에서 율법을 따라 죄인들을 정죄하는 마귀의 고발을 주님이 자기 피로 모든 죗값을 다 지불했으니 정죄할 수 없다고 변호해 주시는 복음의 은혜로 물리치게 됩니다. 이 골짜기에서 깨달은 복음의 은혜를 하나님 나라의 법이 예수 그리스도의 죽으심과 부활을 통해 율법에서 복음으로 개정되었다고 선포한 것입니다.

> 그러므로 이제 그리스도 예수 안에 있는 자에게는 결코 정죄함이 없나니 이는 그리스도 예수 안에 있는 생명의 성령의 법이 죄와 사망의 법에서 너를 해방하였음이라 롬 8:1-2

이 말씀에서 "결코"(οὐδὲν, ouden)의 헬라어 원어는 "전혀 없다"라는 뜻입니다. 또 "정죄함이 없다"(κατάκριμα, katakrima)는 단순한 비난, 비판이 아니라 "최종 판결로 인한 형벌"을 의미합니다. 즉 예수 그리스도의 복음을 믿는 성도들은 하늘의 대법정에서 허물과 죄가 있을지라도 예수 그리스도의 희생의 피로 인해 의롭다고 선고해 주신 것입니다. 그러나 하나님께서 의의 옷을 입혀주신 성도들은 죄에서 떠나 복음에 합당한 삶의 열매를 맺어야 하는 책임이 있음을 알아야 합니다. 세상 죄를 지고 하나님의 어린 양으로 대신 죽어 부활 승천하신 주님께서 다시 오실 때는 심판의 주로 오십니다. 이 결산의 때는 복음을 거부한 가라지와 복음에 합당한 열매를 맺지 못한 쭉정이를 말씀대로 심판하실 것입니다. 예수 그리스도께서 죽으시고 부활하신 때로부터 다시 오실 때까지는 일종의 심판 집행 유예 기간인 셈입니다. 그래서 바울은 예수 그리스도의 죽으심과 부활 승천의 때로부터 다시 오실 때까지를 은혜를 받을 만한 때요, 구원의 날로 봤습니다.

> 이르시되 내가 은혜 베풀 때에 너에게 듣고 구원의 날에 너를 도왔다 하셨으니 보라 지금은 은혜 받을 만한 때요 보라 지금은 구원의 날이로다 고후 6:2

하늘의 대법정의 관점에서 볼 때 땅의 모든 사람은 두 종류로 분류할 수 있습니다. 이미 죄로 인해 한 번 죽을 수밖에 없는 육신을 따르는 자와 예수 그리스도를 믿음으로 하나님의 영을 따르는 자입니다. 예수를 믿는다고 하면서도 계속 육신대로 살면 반드시 죽는다고 경고합니다. 이때의 죽음은 한 번 죽는 육체의 죽음을 포함한 둘째 사망, 즉 영원한 형벌의 처소에 떨어지는 생명의 근원이 되는 하나님과 영원히 단절되는 죽음의 상태에 처하게 되는 것을 말합니다. 그러므로 성도들은 영(성령)으로써 썩어질 몸의 행실을 죽임으로 영생에 참여하는 참믿음의 삶을 살아야 합니다.

> 그러므로 형제들아 우리가 빚진 자로되(예수 그리스도의 복음의 은혜에 빚진 자) 육신에게 져서 육신대로 살 것이 아니니라 너희가 육신대로 살면 반드시 죽을 것이로되 영으로써 몸의 행실을 죽이면 살리니 무릇 하나님의 영으로 인도함을 받는 사람은 곧 하나님의 아들(육신에 속한 영적 어린아이의 믿음을 가진 성도가 아닌 성령으로 죄를 이기는 장성한 믿음에 이른 성도)이라 롬 8:12-14

그러므로 복음을 믿음으로 하나님의 의를 옷 입게 된 성도들은 장성한 그리스도의 믿음을 본받아 날마다 하나님의 영으로 인도함을 받는 믿음까지 성장해야 합니다.

이를 위해 바울은 성도들에게 마음에서 일어나는 생각을 특히 조심하라고 당부합니다. 육신을 따르는 자는 육신의 일을(육체의 정욕을 따라 맺히는 온갖 더러운 죄의 열매들, 갈라디아서 5장 19-21절), 영을 따르는 자는 영의 일(성령의 소욕을 따라 맺히는 성령의 열매들, 갈 5:22-24)을 생각하기 때문입니다.

> 육신을 따르는 자는 육신의 일을, 영을 따르는 자는 영의 일을 생각하나니 육신의 생각은 사망이요 영의 생각은 생명과 평안이니라 육신의 생각은 하나님과 원수가 되나니 이는 하나님의 법에 굴복하지 아니할 뿐 아니라 할 수도 없음이라 롬 8:5-7

육신의 생각은 하나님 말씀의 기준을 떠나 각자 소견대로 판단하고 계획하는 인간 중심적인 사고 체계를 말합니다. 영의 생각은 하나님의 말씀에 순종하는 방향으로 이끌어 가는 성령에 사로잡힌 생각이라 할 수 있습니다. 예수 그리스도의 복음을 믿는 성도라 할지라도 육신의 생각에 자주 사로잡히게 되면 말씀에 순종하는 것이 점점 힘들어집니다. 복음에 합당한 좋은 열매를 맺는 삶을 위해 마음과 생각이 늘 말씀과 성령에 사로잡힐 수 있기를 축원합니다.

우리의 인생을 자동차에 비유한다면 운전자가 누구냐에 따라 최종 목적지가 달라집니다. 우리 인생의 핸들을 잡고 운전하시는 분이 그리스도의 영이 될 때 죄와 사망이 없는 영원한 안식처가 우리의 최종 목적지가 될 것입니다.

일곱째 날

유대인과 이방인 중에서 부르신 긍휼의 그릇

로마서 9장 19-29절

19 혹 네가 내게 말하기를 그러면 하나님이 어찌하여 허물하시느냐 누가 그 뜻을 대적하느냐 하리니
20 이 사람아 네가 누구이기에 감히 하나님께 반문하느냐 지음을 받은 물건이 지은 자에게 어찌 나를 이같이 만들었느냐 말하겠느냐
21 토기장이가 진흙 한 덩이로 하나는 귀히 쓸 그릇을, 하나는 천히 쓸 그릇을 만들 권한이 없느냐
22 만일 하나님이 그의 진노를 보이시고 그의 능력을 알게 하고자 하사 멸하기로 준비된 진노의 그릇을 오래 참으심으로 관용하시고
23 또한 영광 받기로 예비하신 바 긍휼의 그릇에 대하여 그 영광의 풍성함을 알게 하고자 하셨을지라도 무슨 말을 하리요
24 이 그릇은 우리니 곧 유대인 중에서뿐 아니라 이방인 중에서도 부르신 자니라
25 호세아의 글에도 이르기를 내가 내 백성 아닌 자를 내 백성이라, 사랑하지 아니한 자를 사랑한 자라 부르리라
26 너희는 내 백성이 아니라 한 그 곳에서 그들이 살아 계신 하나님의 아들이라 일컬음을 받으리라 함과 같으니라
27 또 이사야가 이스라엘에 관하여 외치되 이스라엘 자손들의 수가 비록 바다의 모래 같을지라도 남은 자만 구원을 받으리니
28 주께서 땅 위에서 그 말씀을 이루고 속히 시행하시리라 하셨느니라
29 또한 이사야가 미리 말한 바 만일 만군의 주께서 우리에게 씨를 남겨 두지 아니하셨더라면 우리가 소돔과 같이 되고 고모라와 같았으리로다 함과 같으니라

창조주 하나님의 선택과 긍휼은 사람의 이해와 지혜를 초월합니다. 하나님의 주권적인 뜻에 대해 사람들은 가끔 의문을 가지기도 합니다. "왜 하나님은 어떤 사람은 긍휼히 여기시고, 어떤 사람은 강퍅하게 여기십니까?" 로마서 9장은 유대인이든지 이방인이든지 구원과 관련된 하나님의 주권적인 뜻을 설명하고 있습니다. 유대인 바울은 이방인들에게 복음을 전하는 사명을 받았지만 골육 친척 형제인 유대인들에게도 복음을 전할 수 있기를 간절히 원했습니다. 자신이 저주를 받아 그리스도에게서 끊어질지라도 유대인들이 복음을 믿어 구원을 받았으면 하는 간절함이 있었습니다. 그러나 동족 유대인들이 복음을 믿어 구원받기를 간절히 기도하던 중 하나님의 주권적인 구원의 역사를 깨닫기에 이릅니다. 그래서 구원을 베푸시는 일과 관련된 하나님의 주권적인 뜻에 기꺼이 순종하게 됩니다.

> 모세에게 이르시되(출 33:19) 내가 긍휼히 여길자를 긍휼히 여기고 불쌍히 여길 자를 불쌍히 여기리라 하셨으니 롬 9:15

비록 구원이 유대인에게서 나왔지만(요 4:12) 율법의 수건에 눈이 덮힌 대부분의 유대인은 예수 그리스도를 믿음으로 값없이 하나님의 의롭다 하심을 받는 복음을 깨닫지 못하게 됩니다. 그 결과 예수 그리스도의 복음을 믿지 않고 배척한 많은 유대인들이 이방인의 때(이방인들에게 복음의 씨를 뿌려 이방인 알곡 영혼을 추수하기 위해서 하나님께서 정하신 때)가 차기까지 진노의 그릇이 되고 맙니다. 반대로 예수 그리스도의 복음을 믿는 이방인 성도들은 하나님의 은혜로 구원을 받는 긍휼의 그릇이 됩니다. 토기장이가 원하는 대로 그릇을 만들 수 있는 권한을 가진 것처럼 하나님께서도 유대인이든지 이방인이든지 자신의 뜻대로 부르신 자를 구원하실 수 있음을 인정하게 됩니다.

> 만일 하나님이 그의 진노를 보이시고 그의 능력을 알게 하고자 하사 멸하기로 준비된 진노의 그릇을 오래 참으심으로 관용하시고 또한 영광 받기로 예비하신 바 긍휼의 그릇에 대하여 그 영광의 풍성함을 알게하고자 하셨을지라도 무슨 말을 하리요
> 롬 9:22-23

긍휼의 그릇은 죄인들에게 하나님의 은혜와 긍휼을 나타내려는 목적을 위해 쓰임 받는 그릇을 의미합니다. 또 "예비하신 바"(προητοίμασεν, proētoimasen)는 하나님의 주권적인 뜻에 따라

창세전에 정한 계획임을 암시하는 단어입니다. 하나님은 긍휼의 그릇을 통해 구원의 영광을 나타내시고, 진노의 그릇을 통해 그분의 공의와 심판을 나타내는 통로로 사용하십니다. 바울은 하나님이 유대인뿐 아니라 이방인 중에서도 긍휼의 그릇을 주권적인 뜻을 따라 택하셨다고 말하고 있습니다. 하나님은 유대인의 혈통, 사람의 행위나 노력 등이 아닌 하나님의 주권적인 은혜와 긍휼로 사람들을 구원으로 부르십니다. 유대인 중에서만 아니라 이방인 중에서도 부르신 자를 하나님의 뜻대로 은혜로 긍휼을 베푸시는 진리를 이렇게 설명했습니다.

> 이 그릇은 우리니 곧 유대인 중에서뿐 아니라 이방인 중에서도 부르신 자니라 롬 9:24

로마서에서는 구원과 관련된 하나님의 주권적인 뜻을 더 분명히 설명하기 위해 호세아와 이사야의 말을 인용하여 설명하고 있습니다.

> 호세아의 글(호 1:10, 2:23)에도 이르기를 내가 내 백성 아닌 자(이방인 성도)를 내 백성이라, 사랑하지 아니한 자(이방인 성도)를 사랑한 자라 부르리라 너

희는 내 백성이 아니라 한 그 곳(이방인의 땅, 열방 모든 민족)에서 그들이 살아 계신 하나님의 아들(복음을 믿음으로 하나님의 자녀가 된 성도)이라 일컬음을 받으리라 함과 같으니라 롬 9:25-26

또 이사야가 이스라엘에 관하여 외치되(사 10:20-22) 이스라엘 자손들의 수가 바다의 모래 같을지라도 남은 자만 구원을 받으리니 롬 9:27

"남은 자"(ὑπόλειμμα, hypoleimma)의 원어는 이스라엘의 심판 중에도 하나님의 약속을 지키는 자들, 즉 하나님이 보시기에 참 이스라엘을 의미합니다. 하나님의 긍휼은 항상 남겨진 자들을 구원하심을 통해 나타난다는 것을 로마서 9장 29절에서 이사야서 1장 9절을 인용하여 한 번 더 설명합니다. 이 말씀의 원리가 주님이 다시 오실 마지막 대추수 때 유대인의 남은 자들을 구원할 때도 적용이 될 것입니다.(사 10:20-22, 28:5, 37:31-32, 욜 2:32, 미 2:12, 습 3:13, 슥 13:8-9, 14:1-3, 계 7:1-8 등)

유대인과 이방인 중에서 부르셔서 긍휼의 그릇으로 사용하신 하나님의 주권적인 뜻을 알 수 있는 성경의 두 사례를 살펴보도록 합시다. 먼저 여호수아서 2장의 이방여인 기생 라합입니다. 하나님의 부르심을 따라 가나안 정복 때 긍휼의 그릇으로 쓰임을 받아 예수 그리스도의 족보에 그 이름이 올라가게 됩니다. 또한 바울은 예수 그리스도의 복음을 깨닫기 전에는 그리스도의 몸 된 교회를 핍박하던 박해자였습니다. 그러나 하나님의 크신 긍휼을 입어 사도로 부르심을 받아 이방인들에게 복음을 전하는 긍휼의 그릇으로 귀하게 쓰임을 받게 됩니다.

여덟째 날

우리가 전한 것을 누가 믿었나이까

로마서 10장 16-21절

16 그러나 그들이 다 복음을 순종하지 아니하였도다 이사야가 이르되 주여 우리가 전한 것을 누가 믿었나이까 하였으니
17 그러므로 믿음은 들음에서 나며 들음은 그리스도의 말씀으로 말미암았느니라
18 그러나 내가 말하노니 그들이 듣지 아니하였느냐 그렇지 아니하니 그 소리가 온 땅에 퍼졌고 그 말씀이 땅 끝까지 이르렀도다 하였느니라
19 그러나 내가 말하노니 이스라엘이 알지 못하였느냐 먼저 모세가 이르되 내가 백성 아닌 자로써 너희를 시기하게 하며 미련한 백성으로써 너희를 노엽게 하리라 하였고
20 이사야는 매우 담대하여 내가 나를 찾지 아니한 자들에게 찾은 바 되고 내게 묻지 아니한 자들에게 나타났노라 말하였고
21 이스라엘에 대하여 이르되 순종하지 아니하고 거슬러 말하는 백성에게 내가 종일 내 손을 벌렸노라 하였느니라

하늘에 계신 하나님의 복음이 그의 종들을 통해 계속 들렸지만 사람들은 믿지 않았습니다. 하나님께서는 선지자들을 통해 오래전부터 이런 거절의 반응에 대해 말씀하셨습니다. 바울은 이사야 53장 1절의 말씀을 인용하여 증거합니다.

> 그러나 그들이 다 복음을 순종하지 아니하였도다 이사야가 이르되 주여 우리가 전한 것을 누가 믿었나이까 하였으니 롬 10:16

이사야 선지자는 대략 주전 740년경부터 주전 680년경까지 북이스라엘이 앗시리아에 의해 (주전 722년) 남유다가 바벨론에 의해 (주전 586년) 우상숭배로 인해 심판을 받게 될 것에 대해 예언했습니다. 동시에 회개하고 돌이킬 때 주실 구원에 대해서도 예언했습니다. 하나님은 이사야의 북이스라엘과 남유다에 대한 심판과 구원의 예언을 통해 약속대로 오실 메시야의 초림과 재림을 통한 심판과 구원에 대한 예언도 하셨습니다. 장차 오실 메시야 (그리스도, 구세주) 예수에 대한 마음의 태도에 따라 심판과 구원이 정해지는 것입니다. 천국의 법, 죄인들을 정죄하는 죄와 사망의 율법이 예수님이 율법의 요구를 다 이루시기 위해 죽어 부활하심으로 죄인들의 죄를 사하시고 영원한 생명을 주시는 약속의 성령의 법으로 천국 법이 개정이 된 것입니다.(롬 8:1-2) 예수 그리스도께서 약속대로 다시 오실 때까지 천국 법을 따라 심판은 집행 유예되어 있습니다. 그런데 구약 선지자들이 전한 하나님의 말씀을 믿지 않았던 것처럼 신약의 사도들이 전한 예수 그리스도의 복음도 많은 사람들이 믿지 않았습니다.

복음의 말씀은 단순한 소식이나 지식이 아닙니다. 말씀이 육신이 되신 그리스도께서 이 세상에 계실 때 성령의 기름 부으심을 받아(행 10:38) 전한 구원을 주시는 하나님의 능력의 복음입니다. 그래서 주님이 이 땅에 계실 때 자신이 하신 복음의 말씀에 대해 이렇게 증거하셨습니다.

> 살리는 것은 영이니 육은 무익하니라 내가 너희에게 이른 말은 영이요 생명이니라 요 6:63

예수 그리스도께서 죽으시고 부활 승천하신 이유는 아버지께서 약속하신 성령의 권능이 비와 같이 부어져 예루살렘으로부터 땅끝까지 천국 복음이 전해지기를 간절히 원하셨기 때문입니다.

> 오직 성령이 너희에게 임하시면 너희가 권능을 받고 예루살렘과 온 유대와 사마리아와 땅 끝까지 이르러

내 증인이 되리라 하시니라 행 1:8

이제는 예수 그리스도께서 육신으로 복음을 전하는 것이 아니라 아버지께서 부활 승천하신 예수 그리스도의 이름으로 보내시는 보혜사 성령을 통해 복음이 전해지게 하신 것입니다. 누구든지 자신의 몸을 거룩한 산 제물로 하나님께 드린 그리스도와 한 몸의 지체가 된 자들에게 그리스도의 영이 부어져 복음을 능력 있게 전하게 하셨습니다. 바울도 주 후 49년부터 52년까지 2차 선교 여행의 막바지에 고린도에 도착했을 때 심히 눌리고 약해진 상태에서 있었습니다. 이때 그는 자신의 지혜로 권하는 말이나 설득력 있는 말로써 복음이 전해지는 것이 아님을 뼈저리게 절감하게 됩니다.(고전 2:1-5) 복음이 능력 있게 전파될 수 있도록 도우시는 성령의 권능을 힘입어(옷 입어, 눅 24:48-49) 전해야 함을 철저히 깨닫게 됨으로 이런 결단을 하게 됩니다.

> 내 말과 내 전도함이 설득력있는 지혜의 말로 하지 아니하고 다만 성령의 나타나심과 능력으로 하여 너희 믿음이 사람의 지혜에 있지 아니하고 다만 하나님의 능력에 있게 하려 하였노라 고전 2:4-5

바울은 고린도에서 얻은 각성과 결단의 시간을 통해 에베소에서 강력한 성령의 권능을 힘입어 나타난 부흥을 경험하게 됩니다. 그 결과로 에베소의 두란노 서원을 중심으로 소아시아(터키)는 물론 당시의 땅끝인 유럽의 로마와 스페인까지 복음을 증거할 수 있는 생활 선교사를 배출하는 세계선교의 기지를 구축하게 됩니다.(행 18-19장)

복음을 전하는 자들의 말을 듣고 구원의 역사를 일으키는 믿음은 그들이 전하는 말이 그리스도의 말씀으로 들릴 때입니다. 이를 위해서 복음을 전하는 자는 성령의 권능, 곧 그리스도의 영에 사로잡혀 증거할 수 있기 위해 늘 기도해야 합니다. 오직 그리스도의 영만이 죄인들을 구원하시는 그리스도의 말씀에 능력을 부어주실 수 있기 때문입니다.

사도행전을 살펴보면 복음의 확산은 단지 성경 지식이나 설득력 있는 말로 전해진 것이 아닙니다. 마치 다이너마이트와 같은 성령의 권능을 통한 복음 전파의 역사입니다. 오늘날도 복음을 전하는 아름다운 발걸음이 되기 원한다면 그리스도의 영의 권능을 힘입어 증거할 수 있기를 기도해야 합니다.

> 그러므로 믿음은 들음에서 나며 들음은 그리스도의 말씀으로 말미암았느니라 롬 10:17

이때의 믿음은 단순히 그 말에 동의한다는 의미를 넘어섭니다. 하나님이 보내신 구세주 예수 그리스도를 마음으로 신뢰하고 받아들인다는 의미의 믿음입니다.

바울은 구약 선지자들 특히 모세와 이사야에게 했던 말씀(신 32:21, 사 65:1)을 인용하여 그의 종들을 보내 계속 말씀하셨지만 이스라엘이 끝내 듣지 않아 하나님을 진노케 하셨음을 알려줍니다. 이스라엘의 강퍅함에도 불구하고 진노를 이긴 하나님의 크신 긍휼로 때가 차매 예수 그리스도를 보내사 희생양으로 피 흘리게 하심으로 죄 사함의 복음이 땅끝까지 증거되게 하신 것입니다. 이방인들에게 복음을 증거하게 하신 때가 차면 이스라엘의 남은 자를 추수함으로 약속대로 온 이스라엘이 구원받게 하실 것입니다.(롬 11:25-36, 계 7장)

바울은 이사야 65장 2절의 말씀을 인용하여 하나님의 심정을 대변합니다. 오래 참고 기다리시면서 모든 사람이 하나님의 말씀(복음)을 듣고 구원받기를 원하고 계십니다(딤전 2:4). 집을 나간 탕자가 돌아오기를 간절히 기다리시는 아버지의 모습으로 묘사했습니다. 이를 통해 이스라엘만 아니라 많은 이방인도 하나님의 말씀을 듣지 않고 배척하는 모습에 말할 수 없는 탄식으로 오래 참고 기다리시는 하나님의 사랑을 알려주십니다. 그

사랑이 예수 그리스도를 통해서 십자가에 나타난 것입니다.(롬 8:31-39, 고전 13장, 요일 4:18)

> 이스라엘에 대하여 이르되 순종하지 아니하고 거슬러 말하는 백성에게 내가 종일 내손을 벌렸노라 하였느니라 롬 10:21

  생활 선교사의 삶을 살 때 반드시 겪게 되는 일이 있습니다. 우리가 전한 복음이 거절 당하거나 때로는 핍박과 구박을 받을 수도 있습니다. 그래서 예수 그리스도의 복음의 씨앗을 세상 밭에 뿌릴 때 많은 수고와 눈물이 있습니다. 우리가 전한 복음이 거절당할 때 우리의 마음만 아픈 것이 아닙니다. 하나님의 깊은 것까지도 통달하시는 성령(고전 2:10)을 통해 알 수 있는 사실은 하나님은 더 많이 아파(broken heart)하신다는 것입니다. 그러므로 말씀에 순종함으로 주님의 멍에를 메고 복음을 전하는 삶을 지속적으로 살게 될 때 비로소 십자가에 나타나는 하나님의 사랑(깨어진 상한 마음, broken heart)을 공감적으로 이해할 수 있게 됩니다. 내 몫에 태인 십자가의 멍에를 기꺼이 지는 삶을 살게 될 때 우리의 묵은 마음 밭이 말씀의 쟁기로 그리스도의 좋은 마음 밭처럼 기경될 수 있는 것입니다.

아홉째 날
순종하지 아니하는 가운데 가두어 두신 이유
로마서 11장 25-33절

25 형제들아 너희가 스스로 지혜 있다 하면서 이 신비를 너희가 모르기를 내가 원하지 아니하노니 이 신비는 이방인의 충만한 수가 들어오기까지 이스라엘의 더러는 우둔하게 된 것이라
26 그리하여 온 이스라엘이 구원을 받으리라 기록된 바 구원자가 시온에서 오사 야곱에게서 경건하지 않은 것을 돌이키시겠고
27 내가 그들의 죄를 없이 할 때에 그들에게 이루어질 내 언약이 이것이라 함과 같으니라
28 복음으로 하면 그들이 너희로 말미암아 원수 된 자요 택하심으로 하면 조상들로 말미암아 사랑을 입은 자라
29 하나님의 은사와 부르심에는 후회하심이 없느니라
30 너희가 전에는 하나님께 순종하지 아니하더니 이스라엘이 순종하지 아니함으로 이제 긍휼을 입었는지라
31 이와 같이 이 사람들이 순종하지 아니하니 이는 너희에게 베푸시는 긍휼로 이제 그들도 긍휼을 얻게 하려 하심이라
32 하나님이 모든 사람을 순종하지 아니하는 가운데 가두어 두심은 모든 사람에게 긍휼을 베풀려 하심이로다
33 깊도다 하나님의 지혜와 지식의 풍성함이여, 그의 판단은 헤아리지 못할 것이며 그의 길은 찾지 못할 것이로다

바울은 이방인만이 아니라 동족 유대인도 예수 그리스도의 천국 복음을 믿어 함께 구원받기를 간절히 원했습니다. 형제요 골육 친척인 유대인들이 예수 그리스도의 죄 사함의 복음을 믿어 구원받을 수만 있다면 자신은 저주를 받아 그리스도에게서 끊어져도 좋다고 생각할 정도로 간절했습니다. 복음을 배척하는 동족 유대인의 완악함에 대해 성령으로 말미암은 큰 근심과 그치지 않는 마음의 고통이 있었습니다.(롬 9:1-3) 사실 이 고통은 죄인들을 향한 하나님의 불타는 사랑을 바울이 성령으로 깨달았기 때문입니다. 성령께서 바울의 마음에 불어 넣은 이런 절박한 마음의 고통을 따라 그는 복음 전파의 현장에서 '예수 그리스도를 강하게 부정하는 동족들이 하나님께 버림을 받았는가?' 라는 의문을 가지고 하나님과 씨름합니다.

먼저 로마서 1-8장까지 누구든지 차별 없이 예수 그리스도의 희생의 은혜를 믿는 자들은 죄 사함을 받는 구원의 복음을 체계적으로 설명합니다. 이어서 로마서 9-11장에서 본격적으로 자기 동족 유대인들은 예수 그리스도의 복음과 어떤 관계가 있는지에 대한 하나님의 응답을 설명합니다.

말씀을 맡은 제사장 나라 이스라엘이 그리스도의 복음에 대해 품은 완악한 마음을 하나님은 선으로 바꾸셔서 이스라엘의 담을 넘어 열방 모든 민족(이방인)에게도 복음이 전파되도록 하신 구원의 신비를 깨닫게 됩니다.

> 형제들아 너희가 스스로 지혜 있다 하면서 이 신비를 너희가 모르기를 내가 원하지 아니하노니 이 신비는 이방인의 충만한 수가 들어오기까지 이스라엘의 더러는 우둔하게 된 것이라 그리하여 온 이스라엘이 구원을 받으리라 기록된 바 구원자가 시온에서 오사 야곱에게서 경건하지 않은 것을 돌이키시겠고 내가 그들의 죄를 없이 할 때에 그들에게 이루어질 내 언약이 이것이라 함과 같으니라   롬 11:25-27

유대인과 이방인을 향한 하나님의 구원의 경륜에 대해 "이 신비"(τὸ μυστήριον, to mystērion)라는 단어를 쓰고 있습니다. 신비는 "하나님께서 의도적으로 감추어 두신 진리"를 의미합니다. 인간의 지혜로는 알 수 없도록 숨겨 두셨다가, 때가 되면 하나님의 계시로 드러나는 진리를 말합니다. 이방인의 충만한 수가 구원을 받기까지 이스라엘 일부가 완악한 상태로 있다가 마침내 온 이스라엘의 구원과 회복이라는 구속사의 큰 청사진을 말합니다. 이스라엘의 완악함과 이방인의 구원과 마지막 때 온 이스라엘의 회복이 하나님의 철저한 계획 속에 있음을 증거합니다. 이방인의 충만한 수가 구원을 받을 때까지 이스라엘 일부를 "우둔함"(πώρωσις, pōrōsis/ 완악함) 가운데 내버려두셨다는 의미입니다. 우둔함의 원어적 뜻은 "돌처럼 굳은 마음, 무감각한 상태"를 뜻합니다. 이스라엘의 완악함은 단순한 내버려둠의 심판만이 아니라, 복음이 이방인들에게 넘어가는 계획된 선교 방향의 큰 전환점이기도 합니다. 이스라엘 유대인들을 통해 복음의 씨가 이방인들에게 뿌려지게 하신 후 이방인 알곡 영혼의 충만한 수가 추수되면 예수님이 다시 오실 때 온 이스라엘이 구원을 받는 마지막 대추수가 진행이 되는 것입니다. 26절의 "온 이스라엘이 구원을 받으리라"의 문자적 의미는 "모든 이스라엘"을 뜻하지만, 구원을 받는 하나님의 언약 백성 전체 또는 남은 자의 무리를 가리키는 표현으로도 해석합니다.

하나님의 눈에는 이스라엘이든지 이방인이든지 다 하나님의 말씀에 순종하지 못한 죄인들입니다. 이를 순종하지 아니하는 가운데 가두어 두셨다고 표현합니다. 이를 통해 이스라엘이든지 이방인이든지 다 오직 하나님의 긍휼로만 구원을 받게 하신 것입니다. 아무도 자기 공로나 자기 의를 자랑할 수 없도록 하나님의 말씀 앞에 인간의 무능함을 전적으로 드러내어 하나님의 은혜와 긍휼만이 더 크게 나타나게 하려는 것입니다.

> 하나님이 모든 사람을 순종하지 아니하는 가운데 가
> 두어 두심은 모든 사람에게 긍휼을 베풀려 하심이라
> 롬 11:32

　복음의 말씀을 배척하는 유대인들의 완악함에 대한 안타까움으로 기도의 씨름을 하던 바울은 이스라엘의 완악함에 묶이지 않고 더 큰 하나님의 구원 역사를 깨닫게 됩니다. 결국 하나님은 인간들의 완악함과 허물에도 불구하고 약속하신 대로 온 이스라엘이 구원받게 하십니다. 또한 이 약속의 성취 과정에서 이스라엘의 완악함을 선으로 바꾸사 열방의 이방인에게 복음의 씨가 뿌려져 더 많은 구원의 열매를 맺게 하신 것입니다. 바울은 하나님의 구원의 지혜와 경륜에 압도되어 마음의 고통으로 출발했지만 마지막에는 위대하신 하나님께 가슴 벅찬 찬양을 올려드리게 됩니다.

> 깊도다 하나님의 지혜와 지식의 풍성함이여, 그의
> 판단은 헤아리지 못할 것이며, 그의 길은 찾지 못할
> 것이로다 롬 11:33

인간의 불순종조차 하나님의 은혜와 긍휼의 통로가 될 수 있음을 보여주는 좋은 사례가 요나 선지자입니다. 요나는 자기 민족의 원수 앗시리아 제국의 수도 니느웨로 가서 하나님의 심판 메시지를 전하라는 명령을 받습니다. 그럼에도 요나는 하나님의 말씀에 순종하지 않고 도망쳤습니다. 불순종의 결과 요나는 바다 한복판에 빠져 물고기 뱃속에 갇히게 됩니다. 그러나 물고기 뱃속(음부, 스올, 사망의 감옥)에서 그는 하나님의 긍휼을 힘입어 다시 살아납니다. 예수님은 이 사건을 십자가에 못 박혀 죽어 3일 만에 부활하신 주님의 십자가의 죽음과 부활의 예표라고 말씀하셨습니다. 더 놀라운 것은 요나가 외쳤던 심판의 메시지를 듣고 니느웨 사람들이 크게 회개하는 역사가 일어났다는 사실입니다. 인간의 불순종과 완악함에도 불구하고 하나님의 긍휼과 은혜는 더 크게 나타났습니다.

열째 날

우리 몸을 거룩한 산 제물로 드릴 때 주시는 복

로마서 12장 1-8절

1 그러므로 형제들아 내가 하나님의 모든 자비하심으로 너희를 권하노니 너희 몸을 하나님이 기뻐하시는 거룩한 산 제물로 드리라 이는 너희가 드릴 영적 예배니라
2 너희는 이 세대를 본받지 말고 오직 마음을 새롭게 함으로 변화를 받아 하나님의 선하시고 기뻐하시고 온전하신 뜻이 무엇인지 분별하도록 하라
3 내게 주신 은혜로 말미암아 너희 각 사람에게 말하노니 마땅히 생각할 그 이상의 생각을 품지 말고 오직 하나님께서 각 사람에게 나누어 주신 믿음의 분량대로 지혜롭게 생각하라
4 우리가 한 몸에 많은 지체를 가졌으나 모든 지체가 같은 기능을 가진 것이 아니니
5 이와 같이 우리 많은 사람이 그리스도 안에서 한 몸이 되어 서로 지체가 되었느니라
6 우리에게 주신 은혜대로 받은 은사가 각각 다르니 혹 예언이면 믿음의 분수대로,
7 혹 섬기는 일이면 섬기는 일로, 혹 가르치는 자면 가르치는 일로,
8 혹 위로하는 자면 위로하는 일로, 구제하는 자는 성실함으로, 다스리는 자는 부지런함으로, 긍휼을 베푸는 자는 즐거움으로 할 것이니라

로마서 12-15장은 복음에 합당한 삶의 방식, 깨달은 말씀에 대한 실천을 위한 가르침입니다. 이를 위해 해야 할 첫 번째 순종 항목이 몸을 하나님이 기뻐하시는 산 제물로 드리는 일입니다. 우리 몸을 하나님께 드리는 헌신이라고 할 수 있습니다. 그때 비로소 성도의 몸은 사망을 이기고 부활하신 그리스도와 한 몸 된 교회가 될 수 있습니다. 자신의 몸을 하나님께 거룩한 산 제물로 드리지 않고서는 진정한 의미에서 그리스도와 한 몸 된 교회의 지체라 할 수 없습니다. 우리 몸을 하나님께 드릴 때 하나님의 소유가 되기에 그리스도께서 자기 몸으로 간주하고 모든 필요한 것들을 공급해 주시는 것입니다.

> 그러므로 형제들아, 내가 하나님의 모든 자비하심으로 너희를 권하노니, 너희 몸을 하나님이 기뻐하시는 거룩한 산 제물로 드리라 이는 너희가 드릴 영적 예배니라 롬 12:1

이 말씀의 "자비하심"(οἰκτιρμῶν)은 하나님의 자비가 반복적이고 풍성하다는 뜻입니다. 산 제물은 짐승을 죽여서 피를 흘려 드리는 제물이 아니라 살아있는 몸으로 계속해서 자발적으로 하나님께 헌신하는 삶을 의미합니다. 영적 예배의 "영적"이라는 의미는 "논리적, 합당함"의 의미를 갖고 있습니다. 따라서 영적 예배는 하나님께서 기쁘게 받으실만하고, 합당히 여기시는, 진리의 말씀에 비추어 볼 때 바른 지식을 따라 드려지는 예배라 할 수 있습니다. 예수 그리스도께서 자신을 희생 제물로 드리심으로 성취된 구원의 복음에 대한 바른 지식과 깨달음이 있을 때 하나님께서 합당하게 여기시는, 몸을 거룩한 산 제물로 드리는 영적 예배를 드릴 수 있습니다. 교회에서 드리는 공예배의 끝은 삶의 현장에서 드리는 일상의 생활 예배의 시작입니다.

또한 우리 몸을 하나님께 산 제물로 드릴 때 내 몸이 내 몸이 아니라 원리상 머리 되신 그리스도의 몸이 되는 것입니다. 우리 몸을 드려 머리 되신 그리스도와 한 몸이 될 때 비로소 그리스도의 영을 따라 생각하게 됩니다. 이 세상과 구별된 거룩한 마음이 지켜짐으로 그리스도의 영의 도우심으로 하나님의 뜻을 점점 더 잘 분별하게 됩니다.

> 너희는 이 세대를 본받지 말고, 오직 마음을 새롭게 함으로 변화를 받아 하나님의 선하시고 기뻐하시고 온전하신 뜻이 무엇인지 분별하도록 하라 롬 12:2

마음을 새롭게 함으로 변화를 받는다는 의미는 성령의 도우심으로 그리스도를 닮은 마음으로 수술 된다는 뜻입니다. 이를 성령의 검, 말씀의 칼을 통한 마음의 할례, 그리스도의 할례라고 합니다.(롬 2:29, 고전 7:19, 갈 6:15, 골 2:11)

몸을 하나님께 산 제물로 드리게 될 때 진정한 의미에서 그리스도와 한 몸이 지체가 됩니다. 그리스도의 몸인 교회에 속한 성도는 몸을 구성하는 다양한 지체들이라 할 수 있습니다. 하늘에 계신 하나님은 그리스도와 한 몸 된 교회를 통해 하나님의 뜻을 땅에서도 이루어지도록 역사하십니다. 이를 위해 그리스도와 한 몸 된 교회의 지체들에게 성령을 통해 다양한 은사를 주십니다. 은사는 성령께서 그 뜻대로 성도들마다 다 다르게 주십니다.

> 우리가 한 몸에 많은 지체를 가졌으나 모든 지체가 같은 기능을 가진 것이 아니니 이와 같이 우리 많은 사람이 그리스도 안에서 한 몸이 되어 서로 지체가 되었느니라 롬 12:4-5

한 몸의 다양한 지체에게 각각의 기능과 역할을 주셔서 머리의 명을 받들어 한 몸이 되어 통일적으로 일하도록 하셨습니다.

하나님께서는 그리스도의 몸을 세우고자 다양한 지체에게 서로 다른 은사를 주셔서 머리 되신 그리스도의 뜻을 효과적으로 협력하여 수행하게 하셨습니다. 그리스도의 몸 된 교회가 효과적으로 하나님의 뜻을 이루기 위해서는 먼저 성도들 각자가 자기 몸을 그리스도의 소유로 드려야 합니다. 몸이 그리스도께 드려질 때 비로소 자기를 주장하지 않고 하나님의 영의 인도하심을 따라 그리스도의 뜻을 받들게 되어 있습니다. 그러므로 몸을 드리는 헌신이 복음에 합당한 삶을 살기 원하는 성도들은 먼저 점검해 봐야 합니다. 은사는 다양하지만 지체들에게 은사를 주신 목적은 하나입니다. 하나님의 몸 된 교회를 세우기 위함입니다. 하나님의 뜻을 받들기 위함입니다. 그러나 고린도 교회는 여러 가지 다양한 성령의 은사가 나타났음에도 파가 나뉘어져 서로 분쟁하기도 했습니다. 그 이유는 몸을 거룩한 산 제물로 드리지 않은 채로 자기 몸의 생각을 따라 은사를 무분별하고 미성숙하게 사용했기 때문입니다.

일본이 낳은 세계적인 사회운동가이자 복음 전도자였던 가가와 도요히코는 병약했던 청년이었습니다. 그런 그가 청년 시절 다녔던 교회 공동체를 통해 가족 같은 섬김과 사랑을 배우게 됩니다. 믿음이 성장하면서 그는 자신의 몸을 하나님께 산 제물로 드리는 결단을 하기에 이릅니다. 이때부터 그는 예수 그리스도를 본받는 삶에 목표를 두고 일본 가난한 이웃들과 함께 살며 그들을 섬기면서 복음을 전했습니다. 심지어 가가와 도요히코는 일본이 세계의 패권국이 되고자 제2차 세계 대전에 참전하여 아시아의 많은 나라들을 식민지화하는 전쟁에 반대함으로 인해 옥에 갇히는 등의 고초를 겪기도 했습니다. 몸을 주님께 산 제물로 드린 그의 일생은 일본의 성도들만이 아니라 불신자들에게도 큰 영향을 주었습니다.

열한째 날
어둠의 일을 벗고 빛의 갑옷을 입자!
로마서 13장 11-14절

11 또한 너희가 이 시기를 알거니와 자다가 깰 때가 벌써 되었으니 이는 이제 우리의 구원이 처음 믿을 때보다 가까웠음이라
12 밤이 깊고 낮이 가까웠으니 그러므로 우리가 어둠의 일을 벗고 빛의 갑옷을 입자
13 낮에와 같이 단정히 행하고 방탕하거나 술 취하지 말며 음란하거나 호색하지 말며 다투거나 시기하지 말고
14 오직 주 예수 그리스도로 옷 입고 정욕을 위하여 육신의 일을 도모하지 말라

복음에 합당한 삶을 살기를 원하는 성도는 하나님의 말씀을 통해 때와 시기를 분별할 수 있는 지혜를 가져야 합니다. 하나님은 레위기 23장의 이스라엘의 농사와 관련된 여호와의 일곱 절기를 통해 메시야의 초림과 재림의 때에 대한 하나님의 시간표를 알려주셨습니다. 주님께서도 복음서에서 천기(계절, 시즌, 절기)를 통해 때를 분별할 수 있다고 하셨습니다. 어두운 세상에 참 빛으로 오신 예수님이 빛의 자녀의 삶의 본을 보여주셨습니다. 예수를 믿는 성도들이 어두운 세상과 구별된 빛의 자녀답게 살기를 원하십니다.

> 또한 너희가 이 시기를 알거니와 자다가 깰 때가 벌써 되었으니 이는 이제 우리의 구원이 처음 믿을 때보다 가까웠음이라 밤이 깊고 낮이 가까웠으니 그러므로 우리가 어둠의 일을 벗고 빛의 갑옷을 입자
> 롬 13:11-12

"깨어나라"는 의미는 죽은 자를 깨우듯 전적인 각성을 요구하는 강한 명령의 뜻이 있습니다. 구원이 처음 믿을 때보다 가까웠다는 것은 그리스도께서 재림할 때 믿음을 지킨 성도들이 썩지 않을 몸을 입는 몸의 구원, 구원의 완성의 때가 가까워졌다는 말

입니다. 밤이 깊고 낮이 가깝다는 것은 주님이 다시 오셔서 낮과 같은 빛의 시대를 열기 전 어두운 밤의 시간이 어둠의 끝을 향해 깊어지고 있음을 의미합니다. 그리스도께서 영광의 왕으로 다시 오셔서 세우실 그리스도의 나라의 때가 밝은 낮에 해당합니다.

하나님은 구원의 참 빛이신 예수 그리스도를 통해 행하실 일들을 창세기 1장에서 밤과 낮의 하루 사이클을 통해서 알려주셨습니다. 하나님은 항상 죄의 어둠으로부터 구원의 빛을 거룩하게 구별해 내십니다. 밤의 어둠이 가장 깊어지면 새벽빛이 밝아올 때가 되었음을 알 수 있습니다. 그리스도께서 다시 오실 것에대해 약속하실 때 광명한 새벽별로 자신을 비유적으로 소개하셨습니다.(계 22:16) 이 세상에 죄로 인한 어둠이 깊을 때 주님이 마치 광명한 새벽별처럼 어둠을 이기고 오실 것을 암시한 것입니다.

> 빛이 하나님이 보시기에 좋았더라 하나님이 빛과 어둠을 나누사(seperated the light from the darkness)
> 창 1:4

12절의 "어둠의 일을 벗고 빛의 갑옷을 입자!" 라는 표현은 은밀하고 수치스러운 죄의 행위에서 떠나 말씀과 기도로 늘 무장하여 참 빛이신 주님을 본받는 삶을 살라는 의미입니다. 빛의 갑옷이라는 표현에서 알 수 있는 것은 죄의 어둠을 이기기 위해서는 영적인 무장을 통한 믿음의 싸움이 있음을 알려줍니다.

복음에 합당한 삶을 살기 원한다면 육체를 따라 살아서는 안 됩니다. 이때의 육체는 단순한 몸의 의미라기보다는 하나님의 뜻을 거스르려는 죄의 지배 아래 있는 인간의 본성을 의미합니다. 성도가 계속 마음을 방치하여 육체를 따라 살면 부패한 육체의 정욕을 따라 온갖 죄악된 행실의 열매를 맺게 되는 것입니다. 육체의 정욕을 이기는 길은 말씀대로 성령을 따라 사는 길 외에는 다른 길이 없습니다. 믿음 위에 섰다고 생각하는 자는 넘어질까 조심하면서 방심하지 말아야 합니다.

> 내가 이르노니 너희는 성령을 따라 행하라 그리하면 육체의 욕심을 이루지 아니하리라 육체의 소욕은 성령을 거스르고 성령은 육체를 거스르나니 이 둘이 서로 대적함으로 너희가 원하는 것을 하지 못하게 하려 함이니라 갈 5:16-17

바울은 결론적으로 복음에 합당한 삶을 살기를 원하는 성도들은 육체의 정욕을 따라 살지 말고 주 예수 그리스도로 옷 입고 살기를 힘써야 함을 강조합니다.

> 오직 주 예수 그리스도로 옷 입고 육신의 정욕을 도모하지 말라 롬 13:14

옷을 입듯이 예수 그리스도를 입으라는 상징적 표현입니다. 단순한 모방이 아니라 예수님의 성품과 생각과 삶의 방식을 늘 추구하며 내면화하라는 의미입니다.

바울의 믿음의 아들 청년 디모데야말로 어둠의 일을 벗은 후 빛의 갑옷을 입고 주와 복음을 위해 변함없이 충성했던 빛의 자녀 된 삶의 좋은 본이라 할 수 있습니다. 바울은 디모데에게 어둠의 일을 벗고 빛의 갑옷을 입는 구체적 방법에 대해 이렇게 권면했습니다.

> 또한 너는 청년의 정욕을 피하고 주를 깨끗한 마음으로 부르는 자들과 함께 의와 믿음과 사랑과 화평을 따르라 딤후 2:22

빛의 갑옷을 입는 삶은 도망이 아니라 방향 전환입니다. 어둠에서 벗어나 참 빛을 향해 계속 걸어가는 삶입니다.

  시장 상인이자 교회 집사였던 한 어머니는 손님이 만 원을 더 주고 간 것을 발견하고 30분을 기다렸다가 돌려줬습니다. 함께 있던 아들이 "그냥 갖고 있지." 하자, 그 어머니는 아들에게 말합니다. "예수 믿는 사람은 어둠 속에서도 정직해야 해. 그게 빛이야." 이 아들은 나중에 목회자가 됩니다. 그리고 그때의 사건을 어머니가 입은 빛의 갑옷을 본 순간이라고 간증했다고 합니다.

열둘째 날

생활 선교사는 복음의 제사장입니다

로마서 15장 14-20절

14 내 형제들아 너희가 스스로 선함이 가득하고 모든 지식이 차서 능히 서로 권하는 자임을 나도 확신하노라
15 그러나 내가 너희로 다시 생각나게 하려고 하나님께서 내게 주신 은혜로 말미암아 더욱 담대히 대략 너희에게 썼노니
16 이 은혜는 곧 나로 이방인을 위하여 그리스도 예수의 일꾼이 되어 하나님의 복음의 제사장 직분을 하게 하사 이방인을 제물로 드리는 것이 성령 안에서 거룩하게 되어 받으실 만하게 하려 하심이라
17 그러므로 내가 그리스도 예수 안에서 하나님의 일에 대하여 자랑하는 것이 있거니와
18 그리스도께서 이방인들을 순종하게 하기 위하여 나를 통하여 역사하신 것 외에는 내가 감히 말하지 아니하노라 그 일은 말과 행위로
19 표적과 기사의 능력으로 성령의 능력으로 이루어졌으며 그리하여 내가 예루살렘으로부터 두루 행하여 일루리곤까지 그리스도의 복음을 편만하게 전하였노라
20 또 내가 그리스도의 이름을 부르는 곳에는 복음을 전하지 않기를 힘썼노니 이는 남의 터 위에 건축하지 아니하려 함이라

하나님께서 보내신 예수님은 아론의 반차를 따르지 않고 하늘의 영원한 반차를 따르는 멜기세덱 대제사장이 되셨습니다. 대제사장으로 온 세상(온 이스라엘)의 죄를 지고 자기 몸을 하나님께 단번에 영원한 희생 제물로 드리셨습니다.(히 4-7장) 또한 희생 제물로 죽으시고 부활 승천하셔서 영원한 영광으로 충만한 하늘에 있는 성전이 되셨습니다.

> 성 안에서 내가 성전을 보지 못하였으니 이는 주 하나님 곧 전능하신 이와 및 어린 양이 그 성전이심이라 계 21:22

예수님이 영원한 대사장으로 자신을 희생 제물로 하나님께 드리심으로 레위기의 5대 제사(번제, 소제, 화목제, 속죄제, 속건제)를 다 이루셨습니다. 부활 승천하심으로 영원히 무너지지 않는 영원한 영광이 충만한 성전이 되신 것입니다. 이제 예수 그리스도를 믿는 우리도 자기 몸을 산 제물로 하나님께 거룩한 산 제물로 드리게 되면 주님 안에서 세 가지 약속에 참여하게 됩니다.

첫째, 성령과 말씀을 따라 예배드리는 왕 같은 제사장이 됩니다.(벧전 2:9)

둘째, 짐승 제사나 곡식 제사가 아닌 날마다 자기 몸을 거룩

한 산 제물로 드려 향기로운 영적 예배(신령한 예배)를 드릴 수 있습니다.(롬 12:1-2)

셋째, 부활 승천하여 영원한 성전이 되신 그리스도와 한 몸의 지체가 되면서 우리 몸이 성전이 됩니다.(고전 3:16) 더 정확히 말하면 영원한 영광의 어린 양 예수 그리스도의 성전을 이루는 한 부분이 되는 것입니다.(엡 2:20-22)

구약을 통달한 유대인 랍비, 산헤드린 청년 관원 출신인 교회의 핍박자, 세계인 바울을 보혜사 성령께서 사로잡아 구약에 감추인 복음을 깨닫게 하십니다. 바울이 성경과 체험을 통해 깨닫게 된 주 예수 그리스도의 복음은 사람에게 배운 것이 아니라 오직 예수 그리스도의 계시로 깨닫게 된 것입니다.(갈 1:11-12) 지혜와 계시의 성령을 통해 모든 믿는 자들을 구원하실 수 있는 하나님의 능력의 복음의 신비를 어느 사도들보다 깊이 깨닫게 됩니다. 이러한 복음의 신비에 대한 깨달음은 기본적으로 주 후 35년경부터 45년경까지 영광 중에 부활의 예수 그리스도를 만난 후 약 10년 정도에 걸쳐 점진적으로 깊어졌습니다. 아라비아 광야 3년, 자신이 나고 자란 길리기아 다소에서의 7년, 집중적인 10년 간의 은둔의 신학교에서의 배움을 통해 깨닫게 된 복음입니다. 그러나 바울이 주님의 멍에를 메고 주후 46년부터 주후 약 67년경 순교할 때까지 복음의 씨를 땅끝까지 뿌리는 일을 감당하는 실제 현장에서 더 깊은 복음의 비밀을 깨달을 수 있었습니다.

복음에 대한 바른 성경 지식을 갖추는 것이 중요하지만 복음이 우리의 마음과 생각과 관절과 골수에 더 깊은 깨달음과 확신으로 새겨지는 일은 주의 멍에를 메고 복음을 전하는 현장에서 일어납니다. 복음이 서재, 연구소, 교회 안에 그리고 우리의 마음과 생각 안에만 머무르게 되면 복음에 포함된 더 깊은 하나님의 신비를 골수로 누릴 수 없습니다. 그러므로 복음의 깨달음의 깊이는 복음의 씨를 세상 밭에 뿌리는 생활선교 현장에 참여함으로 성취됩니다. 바울도 주님으로부터 개인 레슨을 받은 10년의 은둔 기간을 시작으로 생활 선교사로서 복음을 전하는 순종의 삶을 통해 복음을 더 깊이 깨닫게 되었습니다.

복음의 은혜를 바르게 깨달은 성도들의 삶의 궁극적 열매는 그리스도의 영의 권능을 옷 입고 복음을 전하는 삶을 실제로 사는 것입니다. 그럼에도 자기 십자가의 멍에 매기를 주저하는 이유는 복음의 깨달음이 아직도 머리의 지식으로만 머물러 있기 때문입니다. 실제로 복음을 전하는 생활 선교사의 삶을 살게 될 때의 값 지불이 꺼려지기 때문입니다. 복음을 머리로 아는 지식을 넘어 우리의 심장과 골수에 새겨지는 것은 날마다 자기 몸을 복음을 위한 의의 무기로 하나님께 드릴 때입니다. 바울은 누구든지 주 예수 그리스도를 믿는 자들에게는 하나님의 의를 옷 입혀 죄를 사해주시는 구원의 복음을 다 설명한 후 복음의 제사장 직분을 감당하는 자신의 삶을 소개합니다.

> 그러나 내가 너희로 다시 생각나게 하려고 하나님께서 내게 주신 은혜로 말미암아 더욱 담대히 대략 너희에게 썼노니 이 은혜는 곧 나로 이방인을 위하여 그리스도 예수의 일꾼이 되어 하나님의 복음의 제사장 직분을 하게 하사 이방인을 제물로 드리는 것이 성령 안에서 거룩하게 되어 받으실 만하게 하려 함이라 롬 15:15-16

바울은 자신의 복음 전파 사역을 단순한 전도 행위가 아니라 하나님께 드리는 일종의 신령한 예배로 보았습니다. 먼저는 자기 몸을 산 제물로 드려 복음을 전하는 삶 자체가 복음의 제사장이 되어 향기롭게 받으실만한 신령한 예배를 드리는 것으로 이해했습니다. 나아가 이방인들에게 복음을 전하고 가르치는 삶을 이방인들로 하나님께서 기쁘게 받으실 만한 거룩한 산 제물로 드리는 복음의 제사장 직분을 감당하는 것으로 보았습니다.

그리스도의 몸 된 교회에 주신 주님의 지상 명령에 순종하여 복음을 전하고 말씀을 가르치는 생활 선교사는 복음의 제사입니다. 바울은 이방인들을 하나님께 거룩한 산 제물로 드리는 복음의 제사장의 삶을 소개하면서 로마서를 읽게 될 로마에 있는 성도들에게 복음의 제사장의 직분을 감당하기를 계속 독려합니다. 로마에 있는 성도들에게 보내는 편지를 마무리하면서 로마서 15장 22-33절에는 속히 로마를 방문해서 만나기를 소망하는 바울의 간절한 심정을 전합니다. 이 편지를 쓴 후 성령에 사로잡혀 예루살렘으로 갔다가 유대인 율법주의자들의 고소로 인해 가이사랴 빌립보에 있는 감옥에 갇혀 로마 총독과 유대 분봉 왕 앞에서 재판을 받게 됩니다. 그 후 상소하여 로마 황제의 대법정에서 재판을 받기 위해 죄수의 신분으로 배를 타고 천신만고 끝에 간절히 바라던 복음의 소원대로 주후 60년경에 로마에 도착하게 됩니다. 로마의 셋집에 머물면서 2년간 자신을 찾아오는 로마에 있는 제자들과 성도들, 로마 귀족과 시민들, 헬라인들에게 지치지 않는 열정으로 계속 복음을 전하고 가르쳤습니다.(행 20-28장)

2024 가을 하영인 새벽기도회

무너진 마음의 성을 재건하여 잘 지킵시다

- 느헤미야

A. 2024 가을 하영인 새벽기도회 주제 및 암송 요절

1. 주제

   무너진 마음의 성을 재건하여 잘 지킵시다.

2. 암송 요절

   모든 지킬만한 것 중에 더욱 네 마음을 지키라 생명의 근원이 이에서 남이니라 (잠언 4:23)

3. 느헤미야서를 통해 각자 마음의 성을 보수하여 잘 지키는 경건 훈련의 기회로 삼도록 합시다.

B. 2024 가을 하영인 새벽기도회

1. 느헤미야서를 가족들과 함께 여러 번 읽고 묵상하고 연구해 봅시다.

   우리에게 주신 하나님의 교과서 느헤미야서를 여러 번 읽고 묵상합시다. 또한 궁금한 부분에 대해서는 자료를 검색하여 배경지식을 연구해 보기를 권합니다. 그러나 말씀을 지식으로 이해하는 것을 넘어 자신의 마음 판에 성령의 칼로 반복해서 깊이 새기는 것이 중요합니다.

2. 예루살렘성 재건을 자기 마음의 성 회복으로 생각하고 적용해 봅시다.

각자의 마음을 하나님의 집으로 지키는 것이 성도의 으뜸가는 사명입니다. 영적 아비 베드로는 택한 자녀들을 향한 하늘에 계신 하나님 아버지의 마음을 전해줍니다.

그러나 너희는 택하신 족속이요 왕 같은 제사장들이요 거룩한 나라요 그의 소유가 된 백성이니 이는 너희를 어두운데서 불러 내어 그의 기이한 빛에 들어가게 하신 이의 아름다운 덕을 선포하게 하려 하심이라 벧전 2:9

자기 몸을 하나님이 기뻐하시는 거룩한 산 제물로 드린 성도들은 왕 같은 제사장, 거룩한 나라의 정체성을 품고 죄 많은 이 세상을 구별되게 살아야 합니다. 성도는 하나님 보실 때 살아 움직이는 거룩한 나라입니다. 거룩한 나라의 심장부에는 거룩한 왕이 거하시는 성전, 천국 왕궁이 위치합니다. 거룩한 나라의 마음의 성전, 왕궁을 지키는 각자 마음의 성벽이 있습니다. 자기 몸을 하나님이 기뻐하시는 산 제물로 드린 성도의 마음이 거룩한 성, 성전, 천국의 왕궁입니다. 느헤미야서의 거룩한 성 예루살렘의 회복 이야기를 우리 자신의 마음의 성과 성전의 회복 이야기로 묵상하며 적용해 봅시다.

3. 원수에게 틈을 주지 말고 깨어 마음을 잘 지키는 경건 훈련의 기회로 삼읍시다.

느헤미야서가 보여주듯이 무너진 예루살렘 성의 재건은 저절로 된 것이 아닙니다. 예루살렘 성이 재건되지 못하도록 집요하게 방해하는 원수들과의 치열한 믿음의 싸움이 있습니다. 죄 많은 이 세상을 살아가는 모든 성도는 공중의 권세 잡은 원수 마귀를 따르는 악한 영들과의 영적 전쟁을 피할 수 없습니다. 각자 마음의 성벽을 잘 지켜 마귀에게 틈을 주면 안 됩니다. 자주 낙심하고 좌절하여 마음의 성이 심하게 무너졌다면 반드시 말씀과 성령의 충만함을 힘입어 회복해야 하겠습니다. 마음의 성벽이 견고하게 설 때 우리들이 하나님의 영이 거하시는 성전, 음부의 권세를 이기는 교회가 될 수 있기 때문입니다. 느헤미야서를 읽고 공부하면서 틈을 노리는 원수를 대적하며 늘 깨어 마음을 잘 지키는 경건 훈련의 시간을 가지길 축복합니다.

C. 2024 가을 하영인 새벽기도회 요일 별 성경 구절과 제목

첫째 주간 11월 4일(월)–11월 9일(토)

1. (느헤미야 1장 4-11절) 하나님이 기뻐하는 기도를 드릴 때 형통합니다.
2. (느헤미야 2장 1-10절) 하나님의 뜻대로 하는 근심으로 기도하라!
3. (느헤미야 3장 1-9절) 무너진 마음의 성을 재건하라!
4. (느헤미야 4장 15-23절) 각각 한 손으로 일을 하며 한 손에는 병기를 잡으라!
5. (느헤미야 5장 6-13절) 양무리의 본이 되는 지도자
6. (느헤미야 6장 1-9절) 늘 깨어 틈을 노리는 원수를 대적하라!

둘째 주간 11월 11일(월)–11월 16일 (토)

7. (느헤미야 7장 1-7절) 하나님을 경외하는 성도는 자기 마음의 성을 잘 지킵니다.
8. (느헤미야 8장 13-18절) 알곡으로 추수되어 초막절 잔치에 참여합시다.
9. (느헤미야 9장 28-38절) 새 계명을 지켜 약속의 성령으로 인침을 받으라!

10. (느헤미야 10장 28-39절) 마음의 성을 재건한 후 해야 하는 일
11. (느헤미야 11장 1-2절) 새 예루살렘 성에 거주하기를 사모하라!
12. (느헤미야 13장 28-31절) 각 사람에게 그가 행한대로 갚아 주리라!

D. 느헤미야서의 역사적 배경

　BC 605년 갈그미스 전투에서 북방 세력 바벨론이 남방 세력 애굽을 대파하여 초강대국으로 부상합니다. 전투를 승리로 이끈 느부갓네살은 바벨론 왕위에 오릅니다. 이 여세를 몰아 선지자들의 예언대로 제사장 나라, 남유다 왕국, 예루살렘 성전을 멸망시킵니다. 세 차례의 침공을 거치는 동안 남유다 왕국의 지도자와 백성들이 바벨론의 포로로 잡혀갑니다.
　1차 포로로 BC 605년 남유다 여호야김 왕과 다니엘과 세 친구를 포함한 왕족과 귀족들이 잡혀갑니다.(다니엘과 세 친구)
　2차 포로는 BC 597년 여호야긴 왕 때로 여호야긴 왕을 포함하여 에스겔과 백성들이 끌려갑니다.(에스겔)

마지막 3차 포로는 BC 586년 시드기야 왕 때 남유다 전체의 공동화 현상이 생길 정도로 비천한 신분의 백성들만 남고 다 끌려갑니다. 그러나 이사야와 예레미야의 예언대로 바사 왕 고레스가 심판의 몽둥이로 사용했던 바벨론(BC 625-BC 539)을 멸망시킵니다.

　다니엘서 5장에 등장하는 바벨론의 마지막 왕 벨사살 왕 때 하루 만에 심판이 일어납니다. 요한계시록 18장에서도 온 세상이 큰 성 바벨론 같이 변하여 죄악이 가득할 때 한 시간에 망하는 심판이 있을 것을 예언합니다. 공평한 저울을 사용하시는 역사의 주관자이신 하나님께서 악이 가득 차면 반드시 심판하는 반복적 패턴을 보여주는 예표적 사건입니다. 이사야 44-45장과 예레미야 29장은 바벨론을 멸망시킨 바사의 고레스 왕이 70년간 바벨론 포로로 살던 남유다 백성들이 약속의 땅으로 돌아가 예루살렘 성전을 재건할 것을 예언합니다.

　이에 따라 바사 왕 고레스가 하늘에 계신 만왕의 왕의 뜻을 받들어 바벨론 포로 귀환이 시작됩니다. 3차에 걸쳐 남유다 왕국이 바벨론에 패망한 것처럼 3차에 걸쳐 바벨론 포로 귀환이 진행됩니다. 1차 포로 귀환은 바사 왕 고레스 때인 BC 537년 스룹바벨을 지도자로 성전 재건을 위해 49,897명이 돌아갑니다. (스 2:64-65) 그러나 예루살렘 성전 재건은 북쪽 사마리아인들의 방해로 10년 이상 공사가 중단됩니다. BC 520년에 성전 재건 공사가 다시 시작되었고, 바사의 다리오 왕 6년인 BC 516년 성전 재건이 완료되고 봉헌식을 하게 됩니다.(스 6: 15-16) BC 586년 예루살렘 성전이 바벨론의 3차 침공으로 완전히 무너진 후 70년 만에 예레미야의 예언대로 성취된 성전 재건입니다.

주님이 영광의 왕으로 오시기 직전 예루살렘 제3 성전이 재건될 것입니다. 그러나 이 성전은 멸망의 가증한 것, 적 그리스도, 짐승의 우상을 경배하는 강도의 소굴이 될 것입니다. 해산의 진통 후 성전이 정결하게 회복되어 에스겔 47-48장에서 예언한 대로 생수의 근원 주님이 성전의 지성소 보좌에 앉아 만왕의 왕으로 온 세상을 다스리게 될 것입니다.

2차 포로 귀환은 1차 귀환 후 약 80년 만인 BC 458년에 바사 왕 아닥사스다 1세 7년에 진행됩니다. 2차 귀환의 지도자는 제사장 겸 학사 에스라로 1,754명이 귀환합니다.(스 7:6) 3차 귀환 연도는 약 14년 후인 BC 444년 바사 왕 아닥사스다 1세 20년째입니다. 이 3차 귀환의 지도자가 바로 느헤미야로 하나님의 선한 손의 도우심을 힘입어 무너진 예루살렘 성을 재건하게 됩니다.

느헤미야서는 이러한 역사의 격변기에 거룩하신 하나님의 이름을 두시려고 택하신 예루살렘 성이 재건되는 과정을 기록한 말씀입니다. 무너진 거룩한 성이 회복되는 이야기인 느헤미야서를 우리의 무너진 마음의 성을 재건하도록 도우시는 하나님의 응원과 격려의 말씀으로 살펴보도록 하겠습니다.

첫째 날

하나님이 기뻐하는 기도를 드릴 때 형통합니다

느헤미야 1장 4-11절

4 내가 이 말을 듣고 앉아서 울고 수일 동안 슬퍼하며 하늘의 하나님 앞에 금식하며 기도하여
5 이르되 하늘의 하나님 여호와 크고 두려우신 하나님이여 주를 사랑하고 주의 계명을 지키는 자에게 언약을 지키시며 긍휼을 베푸시는 주여 간구하나이다
6 이제 종이 주의 종들인 이스라엘 자손을 위하여 주야로 기도하오며 우리 이스라엘 자손이 주께 범죄한 죄들을 자복하오니 주는 귀를 기울이시며 눈을 여시사 종의 기도를 들으시옵소서 나와 내 아버지의 집이 범죄하여
7 주를 향하여 크게 악을 행하여 주께서 주의 종 모세에게 명령하신 계명과 율례와 규례를 지키지 아니하였나이다
8 옛적에 주께서 주의 종 모세에게 명령하여 이르시되 만일 너희가 범죄하면 내가 너희를 여러 나라 가운데에 흩을 것이요
9 만일 내게로 돌아와 내 계명을 지켜 행하면 너희 쫓긴 자가 하늘 끝에 있을지라도 내가 거기서부터 그들을 모아 내 이름을 두려고 택한 곳에 돌아오게 하리라 하신 말씀을 이제 청하건대 기억하옵소서
10 이들은 주께서 일찍이 큰 권능과 강한 손으로 구속하신 주의 종들이요 주의 백성이니이다
11 주여 구하오니 귀를 기울이사 종의 기도와 주의 이름을 경외하기를 기뻐하는 종들의 기도를 들으시고 오늘 종이 형통하여 이 사람들 앞에서 은혜를 입게 하옵소서 하였나니 그 때에 내가 왕의 술 관원이 되었느니라

3차 포로 귀환을 이끈 지도자 느헤미야는 바벨론 제국을 무너뜨린 바사 제국 고위 관료였습니다. 유대인 느헤미야는 바사 제국 황제 아닥사스다 1세의 술 맡은 관원장, 최측근 비서실장으로 일하고 있었습니다. 비록 이방 나라 황제의 지배를 받는 포로된 소수 민족 신세였지만 개인적으로는 전혀 부족함이 없는 특권층의 삶을 살고 있었습니다. 그럼에도 하나님의 택한 백성이라는 정체성을 지키며 패망한 조국 남유다와 예루살렘 성에 거하는 동족의 형편에 대해 늘 관심을 두고 있었습니다.

그러던 차에 자신의 형제 중 하나가 예루살렘 성의 최근 소식을 전해줍니다. 포로로 끌려가지 않고 예루살렘에 남아있던 동족들이 주변 나라들에 의해 큰 환난을 당하며 능욕을 받고 있다는 안타까운 소식입니다. 예루살렘 성은 허물어지고 성문들은 불탔다고 알려줍니다. 허물어진 예루살렘 성에 거하며 큰 환난을 당하는 유대인의 모습은 믿음의 여정에서 때때로 원수의 불화살을 맞으며 고통스러워하는 우리들의 모습이기도 합니다.

바울은 공중의 권세를 잡은 악한 자들이 불붙은 화살을 쏘는 것 같은 영적 공격을 시도한다고 알려줍니다.

> 모든 것 위에 믿음의 방패를 가지고 이로써 능히 악한 자의 모든 불화살을 소멸하고 엡 6:16

때로 원수가 쏘는 불화살에 맞아 우리의 마음과 생각에 불이 지펴진 것같이 고통스러운 불시험의 때가 있지요. 이러한 불시험의 때 격동되는 마음을 잘 지켜 다스리는 것은 용사보다 낫다고 합니다. 오직 육신적 자아를 죽이고 성령의 권능을 옷 입을 때 마음의 성을 지켜 다스릴 수 있습니다.

> 노하기를 더디하는 자는 용사보다 낫고 자기의 마음을 다스리는 자는 성을 빼앗는 자보다 나으니라
> 잠 16:32

허물어진 예루살렘 성과 큰 환난을 겪은 동족들에 대한 소식을 듣고 느헤미야는 애통하며 하늘의 하나님 앞에 금식하며 기도합니다. 느헤미야는 거룩한 나라 남유다 백성들이 비록 우상숭배로 징계를 받고 있지만 전능하신 하나님께서 역사를 주관하고 계심을 굳게 믿었습니다. 그래서 역사의 주관자이신 하나님에 대한 성경의 계시를 굳게 믿고 이렇게 기도합니다.

> 이르되 하늘의 하나님 여호와 크고 두려우신 하나님이여 주를 사랑하고 주의 계명을 지키는 자에게 언약을 지키시며 긍휼을 베푸시는 주여 간구하나이다 느 1:5

느헤미야는 이방 제국 왕의 신하로 살면서도 하늘에 계신 만왕의 왕을 늘 경외하는 삶을 살고 있었음을 알 수 있습니다. 또한 늘 말씀을 마음 판에 새기며 묵상했음을 알 수 있습니다. 느헤미야는 성경이 계시하는 하나님의 성품을 붙들고 기도했습니다. 조상들과 자기 동족이 우상숭배의 죄로 징계를 받고 있지만 주를 사랑하고 그 계명을 지키는 성도들의 기도에 응답하신다는 하나님의 성품에 근거하여 기도합니다.

첫째, 하나님의 말씀에 불순종한 죄로 징계를 받는 이스라엘 자손과 자신을 동일시하여 금식하며 회개합니다.(6-8절) 둘째, 하늘의 성전 보좌에 계신 하나님께 돌아와 계명을 지켜 행하면 하늘 끝에 있을지라도 예루살렘에 돌아오게 하겠다는 약속(왕상 8장)에 근거하여 구합니다.(9-10절) 셋째, 주의 이름 경외하기를 기뻐하는 종의 기도를 들으시고 하나님의 뜻을 이룰 수 있도록 형통케 하시길 구합니다.(11절)

기도는 하늘에 계신 만왕의 왕, 역사의 주관자이신 하나님을 알현하여 드리는 청원입니다. 동시에 하늘에 계신 아빠와 은혜로 택함 받은 자녀들과의 친밀한 대화이기도 합니다. 특별히 예수 그리스도를 믿음으로 하나님의 자녀가 되는 권세를 약속받은 신약 성도들은 하늘 아빠와의 친밀한 대화 나누기를 늘 힘써야 합니다. 예수를 믿어 천국 백성, 거룩한 나라, 하나님의 자녀로 살아감에도 우리 안에 살아서 꿈틀대는 죄성은 육체의 생명이 끝날 때까지 계속됩니다. 그래서 예레미야 선지자가 고발한 것처럼 만물보다 부패한 죄인 된 우리 마음을 따라 구하면 기도의 우선순위와 내용이 변질되거나 왜곡될 수도 있습니다.

하나님의 나라와 뜻을 먼저 구하지 않고 자신의 정욕과 소원을 먼저 구하기 쉽습니다. 그래서 늘 성령 안에서 기도하기를 힘써야 합니다. 항상 깨어 기도하기를 힘써야 합니다. 우리가 하나님의 기뻐하시는 뜻대로 기도하면 전능하신 하나님의 때가 찰 때 반드시 응답하신다는 것을 굳게 믿고 구해야 합니다. 느헤미야는 하나님이 기쁘게 받으실 만한 향기로운 기도를 드림으로 형통케 하시는 응답을 받게 됩니다.

> 그를 향하여 우리가 가진 바 담대함이 이것이니 그의 뜻대로 무엇을 구하면 들으심이라 요일 5:14

둘째 날
하나님의 뜻대로 하는 근심으로 기도하라!
느헤미야 2장 1–10절

1 아닥사스다 왕 제이십년 니산월에 왕 앞에 포도주가 있기로 내가 그 포도주를 왕에게 드렸는데 이전에는 내가 왕 앞에서 수심이 없었더니
2 왕이 내게 이르시되 네가 병이 없거늘 어찌하여 얼굴에 수심이 있느냐 이는 필연 네 마음에 근심이 있음이로다 하더라 그 때에 내가 크게 두려워하여
3 왕께 대답하되 왕은 만세수를 하옵소서 내 조상들의 묘실이 있는 성읍이 이제까지 황폐하고 성문이 불탔사오니 내가 어찌 얼굴에 수심이 없사오리이까 하니
4 왕이 내게 이르시되 그러면 네가 무엇을 원하느냐 하시기로 내가 곧 하늘의 하나님께 묵도하고
5 왕에게 아뢰되 왕이 만일 좋게 여기시고 종이 왕의 목전에서 은혜를 얻었사오면 나를 유다 땅 나의 조상들의 묘실이 있는 성읍에 보내어 그 성을 건축하게 하옵소서 하였는데
6 그 때에 왕후도 왕 곁에 앉아 있었더라 왕이 내게 이르시되 네가 몇 날에 다녀올 길이며 어느 때에 돌아오겠느냐 하고 왕이 나를 보내기를 좋게 여기시기로 내가 기한을 정하고
7 내가 또 왕에게 아뢰되 왕이 만일 좋게 여기시거든 강 서쪽 총독들에게 내리시는 조서를 내게 주사 그들이 나를 용납하여 유다에 들어가기까지 통과하게 하시고
8 또 왕의 삼림 감독 아삽에게 조서를 내리사 그가 성전에 속한 영문의 문과 성곽과 내가 들어갈 집을 위하여 들보로 쓸 재목을 내게 주게 하옵소서 하매 내 하나님의 선한 손이 나를 도우시므로 왕이 허락하고

9 군대 장관과 마병을 보내어 나와 함께 하게 하시기로 내가 강 서쪽에 있는 총독들에게 이르러 왕의 조서를 전하였더니
10 호론 사람 산발랏과 종이었던 암몬 사람 도비야가 이스라엘 자손을 흥왕하게 하려는 사람이 왔다 함을 듣고 심히 근심하더라

하나님에게는 사람의 마음을 달아보시는 신비한 저울이 있습니다. 하나님은 사람처럼 욕심을 따라 저울추를 마음대로 조작하지 않습니다. 공평하고 정직하게 마음을 달아보십니다. 다니엘서 5장에 등장하는 바벨론 제국 마지막 왕 벨사살도 하나님의 저울에 달아보신 후 심판하셨습니다.

성경을 통해 하나님은 믿는 성도들에게 근심하지 말라고 반복하여 권면합니다. 하나님을 믿지만 육체를 옷 입고 이 광야 같은 세상을 사는 성도들이 파도처럼 밀려오는 근심에서 자유할 수 없다는 사실을 잘 알기에 주신 사랑의 권면입니다. 천국 은혜의 보좌에 계신 주님을 알현하게 될 때 두 종류의 성도로 나눠집니다. 첫째는 성경대로 믿음의 방패로 근심을 쳐내고 평안을 많이 누리며 살다 온 성도들입니다. 둘째는 말씀에 순종하지 못하고 육신의 생각을 따라 세상 근심에 짓눌려 겨우 구원받은 성도들입니다. 여러분은 어떤 모습으로 주 앞에 서기를 원하십니까?

> 주 안에 있는 나에게 딴 근심있으랴 십자가 밑에 나아가 죄 짐을 풀었네 / 그 두려움이 변하여 내 기도 되었고 전날의 한숨 변하여 내 노래 되었네 / 주님을 찬송하면서 할렐루야 할렐루야 내 앞길 멀고 험해도 나 주님만 따라가리 주 안에 있는 나에게(찬 370장)

우리들이 입술로는 이런 찬송을 합니다. 그러나 마음은 근심과 염려를 이기지 못하여 무겁게 짓눌려 살 수도 있습니다. 태산 같은 무게로 짓누르는 인생의 여러 시험이 하나님을 향한 흔들리지 않는 믿음, 소망, 사랑을 도둑질해 가기도 합니다. 때로는 시험의 깊은 골짜기에 떨어져 무겁게 짓누르는 근심을 이기기 위해 간절히 부르짖기도 합니다.

바울이 배운 일체의 비결은 평안할 때나 근심의 파도가 칠 때 안식의 주가 되시는 예수 그리스도의 마음 깊은 곳으로 담대히 나아가는 것입니다. 우리 주님이 십자가에 못 박혀 로마 군병의 창에 심장이 찔려 피와 물을 쏟으신 그곳까지 성령으로 나아가는 것입니다. 십자가에 달리신 주님의 심장이 율법의 창에 찔려 쪼개어져 열린 곳이 만세 반석입니다. 고달픈 광야 같은 인생을 사는 죄인들에게 전능하신 하나님이 안식할 수 있는 틈을 내주신 것입니다. 그 만세 반석 열린 틈 안에서 전능자의 돕는 은혜와 안식을 누리게 됩니다. 세상과 나는 간 곳이 없는 하늘의 안식과 위로 속에 험악한 세상을 이길 수 있는 돕는 능력과 지혜를 공급받기 시작합니다.

하나님을 믿는 성도라도 근심에서 완전히 자유로울 수는 없습니다. 믿음의 사람 느헤미야도 남유다와 예루살렘과 이스라엘 백성들의 환란 소식을 듣고 마음에 근심이 가득했습니다. 바사 제국의 군주를 모시는 최측근 고위 관료의 마음가짐과 표정이 어떠해야 하겠습니까? 느헤미야가 아닥사스다 왕 앞에서 아무리 감추려고 해도 마음의 근심이 표정으로 나타난 것 같습니다. 최측근 신하이니 왕이 뭔가 달라졌음을 당연히 알아차렸겠지요.

> … 네가 병이 없거늘 어찌하여 얼굴에 수심이 있느냐 이는 필연 네 마음에 근심이 있음이로다 …
> 느 2:2

느헤미야는 크게 두려워했습니다. 왜냐하면 제국의 절대군주를 모시는 신하가 얼굴에 수심이 나타나면 파면되거나 다른 벌을 받을 수도 있기 때문입니다. 그러나 두려움을 물리치고 얼굴에 수심이 나타나게 된 이유를 정직하고 지혜롭게 왕께 아룁니다. 땅의 나라 중 제일 강대한 제국의 왕이 묻습니다.

> 왕이 내게 이르시되 그러면 네가 무엇을 원하느냐 하시기로 내가 곧 하늘의 하나님께 묵도하고 느 2:4

느헤미야는 바사 제국의 아닥사스다 왕보다 더 크신 하늘에 계신 역사의 주관자 만왕의 왕께 마음속으로 기도하고 소원을 아룁니다. 남유다의 총독으로 임명해 주시고 일정 기한 부임하여 무너진 예루살렘 성곽과 성전에 속한 영문의 문을 보수할 수 있는 은혜를 구합니다. 그러자 이 소원이 하늘에 계신 하나님의 뜻에 합하였기에 아닥사스다 왕의 허락을 받습니다.

> … 하나님의 선한 손이 나를 도우시므로 왕이 허락하고
> 느 2:8

그런데 성도의 근심이 변하여 기쁨의 응답을 받게 된 소식을 듣고 반대로 심히 근심한 사람들이 있었습니다. 바로 호론 사람 산발랏과 암몬 사람 도비야였습니다. 이들은 느헤미야가 총독으로 부임하여 예루살렘 성을 재건하면 그동안 자신들이 착취하여 이익을 취했던 예루살렘 백성들이 강성해질 것을 두려워했습니다. 그래서 복음의 기쁜 소식을 들었는데도 이들은 심히 근심했던 것입니다. 하나님의 원수로 행했던 것입니다.

고린도전서 3장은 하나님을 믿는 성도가 하나님의 집, 성전이라고 했습니다. 성도의 몸과 마음이 살아 움직이는 하나님의 영이 거하는 성전입니다. 또한 성도의 마음에 숨은 성전을 지키는 불성곽이 성령의 권능입니다. 마음의 성을 지키는 성령의 불같은 권능이 소멸되면 마음에 숨은 성전 또한 더럽혀져 무너지

게 됩니다. 그래서 하나님이 이렇게 경고하십니다.

> 누구든지 하나님의 성전을 더럽히면 하나님이 그 사람을 멸하시리라 … 고전 3:17

믿는다고 하면서도 마음의 성전을 더럽히면 하나님이 그 사람을 멸하실 것이라고 합니다.

우리의 몸과 마음의 성전이 더럽혀지면 우리 안에 계신 성령이 근심하십니다. 성도 안에 거하시는 성령을 계속 근심하게 하여 탐심의 우상숭배를 하는 강도의 소굴이 되면 하나님은 결국 그 사람을 심판하십니다. 그러므로 우리 안에 거하시는 성령님을 근심하게 하지 말고 하나님을 기쁘게 하는 경건한 삶을 살아야 합니다. 만약 우리들이 기도와 말씀으로 마음의 성을 잘 지키지 못해 세상 근심이 가득하게 되면 우리 안에 계시는 성령님이 말할 수 없는 탄식으로 근심하십니다.

느헤미야는 늘 기도와 말씀의 경건한 삶을 통해 마음을 잘 지켰습니다. 그 결과 성령의 근심을 따라 무너진 예루살렘 성을 재건하고 성전의 예배를 회복함으로 하나님이 기쁘시게 하는 삶을 살 수 있었습니다.

셋째 날

무너진 마음의 성을 재건하라!

느헤미야 3장 1-9절

1 그 때에 대제사장 엘리아십이 그의 형제 제사장들과 함께 일어나 양문을 건축하여 성별하고 문짝을 달고 또 성벽을 건축하여 함메아 망대에서부터 하나넬 망대까지 성별하였고
2 그 다음은 여리고 사람들이 건축하였고 또 그 다음은 이므리의 아들 삭굴이 건축하였으며
3 어문은 하스나아의 자손들이 건축하여 그 들보를 얹고 문짝을 달고 자물쇠와 빗장을 갖추었고
4 그 다음은 학고스의 손자 우리아의 아들 므레못이 중수하였고 그 다음은 므세사벨의 손자 베레갸의 아들 므술람이 중수하였고 그 다음은 바아나의 아들 사독이 중수하였고
5 그 다음은 드고아 사람들이 중수하였으나 그 귀족들은 그들의 주인들의 공사를 분담하지 아니하였으며
6 옛 문은 바세아의 아들 요야다와 브소드야의 아들 므술람이 중수하여 그 들보를 얹고 문짝을 달고 자물쇠와 빗장을 갖추었고
7 그 다음은 기브온 사람 믈라댜와 메로놋 사람 야돈이 강 서쪽 총독의 관할에 속한 기브온 사람들 및 미스바 사람들과 더불어 중수하였고
8 그 다음은 금장색 할해야의 아들 웃시엘 등이 중수하였고 그 다음은 향품 장사 하나냐 등이 중수하되 그들이 예루살렘의 넓은 성벽까지 하였고
9 그 다음은 예루살렘 지방의 절반을 다스리는 후르의 아들 르바야가 중수하였고

성경 전체에서 예루살렘은 천 번 가까이 언급되고 있습니다. 그만큼 예루살렘이 중요하다는 말입니다. 하늘에 계신 하나님의 거룩한 이름을 두시기 위해 땅에서 택한 특별한 도성, 특별한 도시입니다. 성경은 위에 (하늘에) 있는 예루살렘과 땅에 있는 예루살렘이 있음을 계시합니다. 장차 전능하신 하나님의 말씀대로 하늘에 있는 것과 땅에 있는 것이 예수 그리스도 안에서 통일될 것입니다.

> 하늘에 있는 것이나 땅에 있는 것이 다 그리스도 안에서 통일되게 하려 하심이라 엡 1:10

하늘과 땅에 있는 것이 예수 그리스도 안에서 통일될 때 하늘의 예루살렘과 땅의 예루살렘이 만나 하나가 될 것입니다.

요한은 하늘의 예루살렘과 땅의 예루살렘이 하나 되어 완성될 거룩한 성 새 예루살렘을 그리스도의 신부, 어린 양의 아내로 알려줍니다.

> … 이리 오라 내가 신부 곧 어린 양의 아내를 네게 보이리라 하고 성령으로 나를 데리고 높은 산으로 올라가 하나님께로부터 하늘에서 내려오는 거룩한

성 예루살렘을 보이니 계 21:9-10

성경적 가르침들을 종합해 볼 때 예루살렘은 삼중적 의미를 담고 있다고 생각할 수 있습니다.

첫째, 장차 정결하게 회복될 예루살렘 성전 보좌에 앉으실 예수 그리스도의 영광이 머물 평화의 도성이 될 땅에 있는 예루살렘입니다.

둘째, 어린 양의 아내가 될 성도들을 위해 단장되고 있는 하늘에 있는 예루살렘입니다.

셋째, 그리스도의 신부들 중 어린 양의 아내로 간택될 만하다고 인정받은 하나님의 인침을 받은 성도들 마음에 있는 예루살렘입니다.

느헤미야서의 예루살렘 성 재건 이야기는 이 세 관점을 다 포괄하지만 특히 성도들 마음에 있는 무너진 예루살렘 성을 회복한다는 의미를 강조하여 다루고자 합니다.

느헤미야는 하늘에 계신 만왕의 왕을 돕는 은혜를 입어 바사 제국 아닥사스다 왕의 호의로 예루살렘 성을 재건하고자 예루살렘에 도착하게 됩니다. 느헤미야는 한밤중에 측근 몇 사람들과 무너진 예루살렘 성의 상태를 살펴봅니다. 그 후 백성 중 지도자들을 모아 예루살렘 성을 재건하고 다시 수치를 당하지 말자고 지금까지 함께하신 하나님의 선한 손의 도우심에 대해 간증합니다. 느헤미야의 말에 용기를 얻은 지도자들이 함께 무너진 성을 재건하기로 결의합니다.

> … 그들의 말이 일어나 건축하자 하고 모두 힘을 내
> 어 이 선한 일을 하려 하매 느 2:18

그런데 하나님의 뜻에 합한 이 말을 듣고 이방인 유력자 산발랏, 도비야, 게셈이 업신여기고 비웃으며 이 성벽 재건 계획의 의미를 왜곡시킵니다. 이들의 비웃음, 조롱, 거짓말을 들었을 때 늘 하나님과 동행했던 경건한 사람 느헤미야는 이렇게 대답합니다.

> 내가 그들에게 대답하여 이르되 하늘의 하나님이 우
> 리를 형통하게 하시리니 그의 종들인 우리가 일어나
> 건축하려니와 오직 너희에게는 예루살렘에서 아무
> 기업도 없고 권리도 없고 기억되는 바도 없다 하였
> 느니라 느 2:20

늘 깨어 영적으로 준비된 자만이 격동시키는 대적들에게 이

런 지혜 있는 믿음의 말을 할 수 있습니다. 우리들 각자의 무너진 마음의 성을 재건하려 할 때 생길 수 있는 여러 시험과 방해에 느헤미야처럼 늘 깨어 몸과 마음, 생각과 말을 하나님의 말씀으로 정렬시켜야 하겠습니다. 느헤미야는 성벽 재건이 하나님의 뜻에 합당하기에 형통케 하실 것을 굳게 믿고 낙심치 않고 일어나 건축을 시작하자고 독려합니다. 동시에 하나님의 원수로 행하는 자들에게는 예루살렘에서 아무 기업도 없을 것을 선언합니다. 육신의 생각을 따라 살면서 하나님의 원수로 행하는 자들은 장차 사람의 손이 아닌 하나님의 손으로 재건될 영원한 안식처 새 예루살렘을 기업으로 상속받지 못할 것입니다.

느헤미야 3장에서 본격적으로 예루살렘 성벽 재건이 시작됩니다. 1절에 나타나듯이 대제사장 엘리아십과 그의 형제 제사장들이 느헤미야와 함께 일어나 건축을 시작합니다. 대제사장과 제사장들이 맡은 구역의 성벽 재건을 마친 후 "성별"합니다. 예루살렘 성벽 재건이 다 끝난 후 하나님께 거룩하게 구별하여 봉헌하기 전에 첫 열매처럼 영적 지도자들이 먼저 본을 보이고 거룩하게 구별하여 자신들의 맡은 재건의 몫을 봉헌한 것입니다.

1절을 통해 우리는 세 가지 성벽 재건의 의미를 찾을 수 있습니다. 첫째, 성벽 재건의 목표가 나라와 백성의 안위를 위한 군사, 정치, 경제적 목적보다도 먼저 하나님께 예배드리는 성전을 지키려는 데 있음을 강조한 것입니다. 우리 안에 있는 무너진 마음의 성벽 재건도 이러한 목표를 가져야 합니다. 둘째, 느헤미야가 선포한 하나님의 성벽 재건의 뜻에 대제사장과 제사장들이 함께 일어나 적극 협력했다는 것을 강조합니다. 당시 예루살렘의 어렵고 힘든 상황 때문에 성벽 재건이 지지부진할 때 지도자들의 마음을 하나님의 영이 힘 있게 감동시켜 낙심의 자리를 떨쳐 일어나 믿음의 싸움에 나섰다는 의미입니다. 무너진 마음의 성벽 재건 또한 성령의 감동으로 믿음의 싸움에 나서겠다는 굳센 믿음의 결단이 필요합니다. 셋째, 성벽 재건은 하나님의 거룩한 임재를 방해하는 모든 외부의 침입으로부터 거룩하게 구별하는 경계를 굳게 세운다는 의미가 있습니다.

성벽 재건에 참여한 사람들의 이름을 기록한 것은 한 사람의 실력자가 아닌 지도자의 본을 따라 모든 백성이 맡겨진 사명의 몫을 함께 감당했다는 사실을 강조한 것입니다. 하나님이 다스리는 나라, 도시, 교회는 모든 성도가 예수 그리스도 안에서 함께 참여하여 짓고 있음을 보여주고자 한 것입니다.

> 너희도 성령안에서 하나님이 거하실 처소가 되기 위하여 그리스도 예수 안에서 함께 지어져 가느니라
> 엡 2:22

넷째 날

각각 한 손으로 일을 하며 한 손에는 병기를 잡으라!

느헤미야 4장 15-23절

15 우리의 대적이 우리가 그들의 의도를 눈치챘다 함을 들으니라 하나님이 그들의 꾀를 폐하셨으므로 우리가 다 성에 돌아와서 각각 일하였는데
16 그 때로부터 내 수하 사람들의 절반은 일하고 절반은 갑옷을 입고 창과 방패와 활을 가졌고 민장은 유다 온 족속의 뒤에 있었으며
17 성을 건축하는 자와 짐을 나르는 자는 다 각각 한 손으로 일을 하며 한 손에는 병기를 잡았는데
18 건축하는 자는 각각 허리에 칼을 차고 건축하며 나팔 부는 자는 내 곁에 섰느니라
19 내가 귀족들과 민장들과 남은 백성에게 이르기를 이 공사는 크고 넓으므로 우리가 성에서 떨어져 거리가 먼즉
20 너희는 어디서든지 나팔 소리를 듣거든 그리로 모여서 우리에게로 나아오라 우리 하나님이 우리를 위하여 싸우시리라 하였느니라
21 우리가 이같이 공사하는데 무리의 절반은 동틀 때부터 별이 나기까지 창을 잡았으며
22 그 때에 내가 또 백성에게 말하기를 사람마다 그 종자와 함께 예루살렘 안에서 잘지니 밤에는 우리를 위하여 파수하겠고 낮에는 일하리라 하고
23 나나 내 형제들이나 종자들이나 나를 따라 파수하는 사람들이나 우리가 다 우리의 옷을 벗지 아니하였으며 물을 길으러 갈 때에도 각각 병기를 잡았느니라

예루살렘 성이 왜 중요하냐면 하나님의 영광이 깃드는 처소인 성전을 지키는 성이기 때문입니다. 하늘의 예루살렘 성전 보좌에 계신 하나님의 뜻이 땅에서도 이루어지는 핵심적인 곳이 예루살렘 성입니다.

> 예루살렘에 계시는 여호와는 시온에서 찬송을 받으실지어다 할렐루야 시 135:21

하늘에 있는 예루살렘과 땅에 있는 예루살렘이 예수 그리스도 안에서 통일되게 하시려는 일의 돕는 배필, 동역자가 어린 양의 아내로 인침을 받은 성도들입니다. 성경 전체를 보면 하늘과 땅의 전쟁, 즉 영적 전쟁과 물리적 전쟁의 핵심 장소가 예루살렘 성입니다. 앗시리아, 바벨론, 헬라, 로마, 이슬람, 곡과 마곡이 다 예루살렘을 둘러싸고 공격했습니다. 만물이 그리스도 안에서 새롭게 되는 새 하늘과 새 땅, 새 예루살렘 성이 성취되기 직전인 그리스도께서 천 년 동안 왕 노릇하는 왕국 끝에도 사랑하시는 성 예루살렘을 원수들이 둘러싸고 공격할 것을 예언했습니다. 마귀가 하늘에 있는 예루살렘 성전의 보좌에 계신 하나님의 뜻이 땅에 있는 예루살렘 성전을 중심으로 이루어질 것을 잘 알기에 항상 둘러싸고 공격하려는 것입니다.

그들이 지면에 널리 퍼져 성도들의 진과 사랑하시는 성(예루살렘)을 두르매 하늘에서 불이 내려와 그들을 태워버리고 또 그들을 미혹하는 마귀가 불과 유황 못에 던져지니 거기는 그 짐승과 거짓 선지자도 있어 세세토록 밤낮 괴로움을 받으리라 계 20:9-10

느헤미야 4장 1-12절은 느헤미야의 지도를 따라 하나님의 백성이 힘을 다해 예루살렘 성벽을 재건할 때 호론 사람 산발랏을 중심으로 집요한 방해가 있었습니다. 유대 역사가 요세푸스는 산발랏을 사마리아인으로 불렀습니다. 사마리아 여자와 앗시리아 남자 사이에서 태어난 혼혈인 것으로 보입니다. 사마리아에서 매우 영향력 있는 유력 인사였습니다. 자기 딸을 예루살렘 성전 직무를 감당하는 대제사장 집안으로 시집보내기도 했습니다. (느 13:28) 산발랏은 느헤미야를 통해 예루살렘 성벽이 재건되면 자신의 영향력과 수익이 줄어들 것을 염려하여 적극적으로 방해한 듯합니다. 원수들이 방해하는 데도 성벽 재건이 착착 진행되어 허물어진 틈이 메꾸어지자 원수들은 심히 분노했습니다. 함께 꾀하여 예루살렘을 공격하여 요란스럽게 하기로 결정합니다. 이에 예루살렘의 유대인들은 하나님께 기도하며 주야로 파수꾼을 두어 적의 동태를 살핍니다. 또한 원수들의 집요한 유혹과 회유와 방해에 맞서 성벽을 지킬 사람들을 뽑아 칼과 창과 활로 무장을 갖추게 합니다. 느헤미야는 상황을 다 돌아 본 후 지도자와 백성들에게 이렇게 도전합니다.

> … 너희는 그들을 두려워하지 말고 지극히 크시고 두려우신 주를 기억하고 너희 형제와 자녀와 아내와 집을 위하여 싸우라 하였느니라 느 4:14

그리스도와 한 몸 된 교회의 지체들이 각자 자신의 무너진 마음의 성벽을 재건하는 일을 하고자 할 때 악한 원수 마귀의 세력은 서로 의논하여 틈을 노려 공격하려 합니다. 그러므로 1초도 방심하지 말고 하나님의 전신갑주를 입고 성령의 검을 들고 늘 깨어 주야로 경계해야 합니다. 대적의 방해를 두려워해서는 안 됩니다. 두려워하면 원수들이 그곳을 틈타고 들어와 마음의 성을 더 심하게 무너뜨리기 위해 역사하기 때문입니다. 교회의 지체들이 각자의 허물어진 마음의 성벽을 재건하기 위한 믿음의 싸움에 참여하는 것은 자기 자신과 가족들과 형제를 위한 싸움입니다.

무너진 예루살렘 성벽을 재건할 때 하나님의 백성들은 자기 생업 외에 성벽 재건 일과 원수들이 침입할 때 싸울 수 있도록 무기를 들었습니다.

> 성을 건축하는 자와 짐을 나르는 자는 다 각각 한 손으로 일을 하며 한 손에는 병기를 잡았는데 건축하는 자는 각각 허리에 칼을 차고 건축하며 나팔 부는 자는 내 곁에 섰었느니라 느 4:17-18

　자신의 무너진 마음의 성벽 틈을 메꾸며 영적 전쟁을 감당하는 성도의 모습을 잘 묘사하고 있습니다. 생명의 근원, 만복의 근원과 연결되는 마음을 지키는 것은 수고와 영적 전쟁을 동반하는 일입니다. 파수꾼이 원수들의 동태를 살펴 공격하는 기미가 보일 때는 군사들이 즉시 출동하여 싸울 수 있도록 나팔을 불었습니다. 나팔 소리는 우리 마음 안에서 역사하는 성령의 음성, 하나님의 말씀이라 할 수 있습니다. 우리 마음과 생각을 삼키려고 늘 틈을 노리는 악한 미혹의 영을 잘 분별하여 성령의 권능을 힘입어 영적 싸움을 잘 감당해야 합니다.

> 너희는 어디서든지 나팔 소리를 듣거든 그리로 모여서 우리에게로 나아오라 우리 하나님이 우리를 위하여 싸우시리라 하였느니라 느 4:20

다섯째 날

양무리의 본이 되는 지도자

느헤미야 5장 6-13절

6 내가 백성의 부르짖음과 이런 말을 듣고 크게 노하였으나
7 깊이 생각하고 귀족들과 민장들을 꾸짖어 그들에게 이르기를 너희가 각기 형제에게 높은 이자를 취하는도다 하고 대회를 열고 그들을 쳐서
8 그들에게 이르기를 우리는 이방인의 손에 팔린 우리 형제 유다 사람들을 우리의 힘을 다하여 도로 찾았거늘 너희는 너희 형제를 팔고자 하느냐 더구나 우리의 손에 팔리게 하겠느냐 하매 그들이 잠잠하여 말이 없기로
9 내가 또 이르기를 너희의 소행이 좋지 못하도다 우리의 대적 이방 사람의 비방을 생각하고 우리 하나님을 경외하는 가운데 행할 것이 아니냐
10 나와 내 형제와 종자들도 역시 돈과 양식을 백성에게 꾸어 주었거니와 우리가 그 이자 받기를 그치자
11 그런즉 너희는 그들에게 오늘이라도 그들의 밭과 포도원과 감람원과 집이며 너희가 꾸어 준 돈이나 양식이나 새 포도주나 기름의 백분의 일을 돌려보내라 하였더니
12 그들이 말하기를 우리가 당신의 말씀대로 행하여 돌려보내고 그들에게서 아무것도 요구하지 아니하리이다 하기로 내가 제사장들을 불러 그들에게 그 말대로 행하겠다고 맹세하게 하고
13 내가 옷자락을 털며 이르기를 이 말대로 행하지 아니하는 자는 모두 하나님이 또한 이와 같이 그 집과 산업에서 털어 버리실지니 그는 곧 이렇게 털려서 빈손이 될지로다 하매 회중이 다 아멘 하고 여호와를 찬송하고 백성들이 그 말한 대로 행하였느니라

느헤미야 5장에는 두 종류의 지도자가 대비되어 있습니다. 양무리를 고통스럽게 하는 지도자와 양무리의 본이 되는 지도자입니다. 당시 성벽 재건 일을 다시 시작할 때 흉년이 들었습니다. 요즘 식으로 말하면 경기 침체가 와서 백성들이 먹고 살기가 아주 힘들었습니다. 이런 힘든 상황에 더하여 예루살렘 성벽 재건까지 해야 하니 백성들의 부담이 가중되었을 것입니다.

예루살렘 성벽을 재건하는 주목적은 예루살렘 성전을 지켜 하나님께 온전한 예배를 드리기 위함입니다. 교회를 하나님의 뜻대로 세우기 위해 함께 수고하는 일도 성도들 개인의 몸과 마음을 하나님의 영이 거하는 성전으로 건축하여 지키는 일과 관련이 있습니다. 교회 공동체가 머리 되신 주님의 뜻에 합당하게 세워지는 것은 교회의 지체가 된 성도가 하나님께 신령과 진정으로 예배드리는 성전이 될 때 가능한 일입니다. 교회를 하나님의 뜻대로 바로 세우는 일이 모든 것이 풍족하고 넉넉한 상황에서 진행되는 경우는 드뭅니다. 대개 부족하고 어려운 가운데 하나님을 간절히 의지하는 믿음의 방식으로 진행됩니다. 이런 믿음의 씨름을 통해 지도자와 성도들의 믿음 근력이 강화되고 주님을 닮은 성품으로 연단되는 것입니다. 성경의 거의 모든 이야기가 힘들고 어려운 상황에서 믿음의 기도를 통해 하나님의 돕는 은혜를 받는 내용입니다.

느헤미야는 백성들이 경제적 어려움과 성벽 재건의 이중고를 겪는 상황에서 유다 지도층 인사들이 가난하고 힘든 백성들을 착취한다는 소식을 듣게 됩니다. 높은 이자로 돈을 빌려주는 고리 대금업을 통해 백성들을 괴롭혔습니다. 돈을 갚지 못할 때는 자기 형제 유대인들을 종으로 팔아넘기기도 했습니다. 둘 다 하나님의 율법에서 금하는 악행이었습니다. 백성들의 원성이 느헤미야의 귀에 들리게 됩니다. 의로운 분노를 품게 된 느헤미야는 지도자와 백성들이 다 모이는 대회를 열어서 말합니다. 백성들에게서 높은 이자를 취하는 지도자들을 꾸짖고 이자 받는 것을 중단하라고 촉구합니다. 또한 돈을 갚지 못한 형제를 종으로 팔아넘기는 악행을 중단할 것을 요청합니다.

백성들을 착취해 왔던 지도자들이 느헤미야의 말에 순종하기를 결단하자 아예 제사장들을 불러 하나님 앞에서 맹세하게 합니다. 더하여 저주를 표현하는 상징적 행동으로 옷자락을 털며 대회에 모인 백성들 앞에서 쐐기를 박습니다.

> 내가 옷자락을 털며 이르기를 이 말대로 행하지 아니하는 자는 모두 하나님이 또한 이와같이 그 집과 산업에서 털어 버리실지니 그는 곧 이렇게 털려서 빈손이 될지로다 하매 회중이 다 아멘하고 여호와를

찬송하고 백성들이 그 말한 대로 행하였느니라

느 5:13

반면 14-19절은 어려운 여건에서 성벽 재건에 참여하는 백성들을 착취하는 악한 지도자들과 달리 양무리의 본이 되는 선한 지도자상을 보여줍니다. 바사 제국 아닥사스다 왕을 통해 유다 총독으로 임명된 느헤미야는 재임 기간 12년 동안 자신과 돕는 형제들이 녹을 받지 않았다고 고백합니다. 백성들의 힘든 상황을 배려하여 취한 희생적 조처였습니다.

느헤미야가 기꺼이 이러한 희생을 할 수 있었던 것은 하나님의 말씀에 그의 마음과 생각이 순복하여 정렬되어 있었기 때문입니다. 그러나 하나님의 일을 하는 지도자라도 영적으로 깨어 하나님의 말씀에 마음과 생각이 사로잡혀 있지 않으면 지위를 자기의 유익 수단으로 사용할 수도 있습니다. 지도자의 자기중심적인 이기적인 행실은 잠시는 유익할지 모르지만 결국 하나님께 버림받는 비극을 초래하고 맙니다. 그래서 사도들은 더러운 것을 탐하지 않는 것을 교회 지도자들이 갖춰야 할 필수적인 덕목으로 강조했습니다.(딤전 3:8, 딛 1:7, 11, 벧전 5:2)

하나님의 일을 하는 지도자는 손톱처럼 자라나는 부패한 정욕을 이길 수 있도록 늘 기도와 말씀에 깨어 있어야 합니다. 느

느헤미야는 하나님을 경외하고 백성들을 긍휼히 여김에서 나오는 이러한 자신의 희생적 섬김에 대해 하나님의 갚아주심을 구했습니다.

> 내 하나님이여 내가 이 백성을 위하여 행한 모든 일
> 을 기억하사 내게 은혜를 베푸시옵소서 느 5:19

이 땅에서 주와 복음을 위해 힘써 수고하고 희생하는 자에게 상급과 면류관을 주겠다고 약속하신 주님을 신뢰합시다.

> 보라 내가 속히 오리니 내가 줄 상이 내게 있어 각
> 사람에게 그가 행한 대로 갚아 주리라 계 22:12

자신의 마음을 말씀과 기도로 잘 지켜 주와 복음을 위해 기꺼이 화목의 희생 제물로 수고할 수 있는 믿음까지 자라갑시다.

여섯째 날

늘 깨어 틈을 노리는 원수를 대적하라!

느헤미야 6장 1-9절

1 산발랏과 도비야와 아라비아 사람 게셈과 그 나머지 우리의 원수들이 내가 성벽을 건축하여 허물어진 틈을 남기지 아니하였다 함을 들었는데 그 때는 내가 아직 성문에 문짝을 달지 못한 때였더라
2 산발랏과 게셈이 내게 사람을 보내어 이르기를 오라 우리가 오노 평지 한 촌에서 서로 만나자 하니 실상은 나를 해하고자 함이었더라
3 내가 곧 그들에게 사자들을 보내어 이르기를 내가 이제 큰 역사를 하니 내려가지 못하겠노라 어찌하여 역사를 중지하게 하고 너희에게로 내려가겠느냐 하매
4 그들이 네 번이나 이같이 내게 사람을 보내되 나는 꼭 같이 대답하였더니
5 산발랏이 다섯 번째는 그 종자의 손에 봉하지 않은 편지를 들려 내게 보냈는데
6 그 글에 이르기를 이방 중에도 소문이 있고 가스무도 말하기를 너와 유다 사람들이 모반하려 하여 성벽을 건축한다 하나니 네가 그 말과 같이 왕이 되려 하는도다
7 또 네가 선지자를 세워 예루살렘에서 너를 들어 선전하기를 유다에 왕이 있다 하게 하였으니 지금 이 말이 왕에게 들릴지라 그런즉 너는 이제 오라 함께 의논하자 하였기로
8 내가 사람을 보내어 그에게 이르기를 네가 말한 바 이런 일은 없는 일이요 네 마음에서 지어낸 것이라 하였나니
9 이는 그들이 다 우리를 두렵게 하고자 하여 말하기를 그들의 손이 피곤하여 역사를 중지하고 이루지 못하리라 함이라 이제 내 손을 힘있게 하옵소서 하였노라

그리스도의 몸 된 교회는 하나의 종교 기관이 아니라 하나님 나라의 통치 본부입니다. 하나님 나라의 통치 본부인 교회는 뜻이 하늘에서 이룬 것처럼 땅에서도 이루어지도록 성도들의 믿음이 성장하는 것을 잘 도와야 합니다. 하나님의 말씀을 듣고 믿는 초보적 믿음에서 말씀에 기꺼이 복종할 수 있는 장성한 믿음까지 자라가야 합니다. 말씀에 복종하는 성도가 왕이신 하나님의 통치에 복종하는 성도입니다. 마귀는 이 땅에 파견된 하나님 나라 통치 본부인 교회 공동체를 무너뜨리고자 성도들 개개인의 마음의 성전(교회)을 무너뜨릴 틈을 찾고 있습니다.

> 그런즉 거짓을 버리고 각각 그 이웃과 더불어 참된 것을 말하라 우리가 서로 지체가 됨이라 분을 내어도 죄를 짓지 말며 해가 지도록 분을 품지 말고 마귀에게 틈을 주지 말라 엡 4:25-27

예루살렘 성벽 재건하는 일을 방해하려는 원수들이 사람을 보내어 느헤미야를 오노 평지의 한 촌에서 만나자고 합니다. 이 청을 거절했는데도 다섯 번이나 집요하게 요구합니다. 다섯 번째는 교묘한 꾀를 내서 봉하지 않은 편지를 보냅니다. 편지의 내용은 느헤미야 총독이 예루살렘 성벽을 재건하는 목적은 자신이

유다의 왕이 되고자 함이라는 헛소문이었습니다. 선지자를 세워 예루살렘에서 자신을 선전하여 왕이 되려고 시도했다는 식의 모함입니다. 편지를 봉하지 않은 채 보낸 것은 느헤미야에게 전달되는 과정에서 누가 편지 내용을 볼 수 있게 하여 헛소문이 퍼지도록 조장하기 위함입니다. 이런 모함하는 편지로 느헤미야를 총독으로 임명한 바사 제국 아닥사스다 왕이 이런 말을 들었을 것이니 이 문제로 만나 의논하자고 유혹합니다. 느헤미야의 마음을 흔들어 두렵게 하여 자기들을 만나러 오게 한 후 살해하려고 계획한 것입니다.

느헤미야는 이들의 거짓 모함에 대해 단호하게 대처하여 만나기를 거부합니다. 원수들은 계속 들라야 등을 뇌물로 매수하여 거짓으로 예언하게 합니다. 육신의 생각을 따라 하나님의 원수로 행하는 이들의 특징은 하나님의 뜻이 이루어지지 못하도록 잔꾀를 내어 집요하게 방해한다는 점입니다.

하나님의 뜻을 이루기 위해 순종하는 과정에서 원수들로 인한 여러 가지 시험을 겪다 보면 크게 세 가지 일이 생길 수 있습니다.

첫째, 관계를 이간질하는 거짓말을 통해 시험의 덫에 걸려들 수 있습니다.

둘째, 마음을 집요하게 흔들어 견고한 믿음에서 후퇴하게 만듭니다.

셋째, 계속되는 방해와 시험으로 인해 몸과 마음이 지치고 피곤하여 포기하게 만듭니다.

그러나 이러한 집요한 원수들의 방해에도 불구하고 하나님을 의지하는 굳건한 믿음으로 마침내 성벽 재건이 52일 만에 완성이 됩니다. 성도들의 믿음을 통해 하나님이 하신 일입니다. 이에 따라 원수들은 낙담하고 두려워하였고 하나님의 백성들은 크게 기뻐하며 하나님께 감사 찬송을 드리게 되었습니다. 하나님의 뜻을 따라 각자의 무너진 마음의 성벽을 재건하는 과정에서 여러 가지 방해와 시험을 겪을 수도 있습니다. 이때 믿음이 약해 뒤로 물러서지 말고 더 강력하게 약속을 붙들고 믿음의 선한 싸움을 끝까지 감당함을 통해 이길 수 있는 근성이 필요합니다.

다윗의 모범을 생각해 봅시다. 다윗은 10년이 넘는 세월 동안 원수로 변한 장인 사울 왕의 살해 위협에 쫓겨 다니는 도망자 신세로 살았습니다. 사무엘 선지자를 통하여 온 이스라엘의 왕이 될 것이라는 예언과 함께 기름 부음을 받았지만 10년 넘는 세월 동안 낙심할 일이 참 많았습니다. 다윗은 마음의 성이 무너지려고 할 때마다 마치 하나님이 자기 영혼에 명령을 내리는 것처럼 선포함으로 돕는 은혜를 힘입어 낙심한 마음을 금방 회복할 수 있었습니다.

> 내 영혼아 네가 어찌하여 낙심하며 어찌하여 내속에서 불안해 하는가 너는 하나님께 소망을 두라 그가 나타나 도우심으로 말미암아 내 하나님을 여전히 찬송하리로다 시 43:5

늘 깨어 틈을 노리며 하나님의 뜻이 이루어지는 것을 방해하는 원수들의 공격을 기도와 말씀으로 이겨내고 뜻을 성취하는 성도가 믿음의 실력자입니다. 포기하지 말고 끝까지 약속을 주장하며 마음의 성을 잘 지키면 하나님의 돕는 은혜로 반드시 뜻이 이루어지게 됩니다.

| 일곱째 날

하나님을 경외하는 성도는 자기 마음의 성을 잘 지킵니다.
느헤미야 7장 1-7절

1 성벽이 건축되매 문짝을 달고 문지기와 노래하는 자들과 레위 사람들을 세운 후에
2 내 아우 하나니와 영문의 관원 하나냐가 함께 예루살렘을 다스리게 하였는데 하나냐는 충성스러운 사람이요 하나님을 경외함이 무리 중에서 뛰어난 자라
3 내가 그들에게 이르기를 해가 높이 뜨기 전에는 예루살렘 성문을 열지 말고 아직 파수할 때에 곧 문을 닫고 빗장을 지르며 또 예루살렘 주민이 각각 자기가 지키는 곳에서 파수하되 자기 집 맞은편을 지키게 하라 하였노니
4 그 성읍은 광대하고 그 주민은 적으며 가옥은 미처 건축하지 못하였음이니라
5 내 하나님이 내 마음을 감동하사 귀족들과 민장들과 백성을 모아 그 계보대로 등록하게 하시므로 내가 처음으로 돌아온 자의 계보를 얻었는데 거기에 기록된 것을 보면
6 옛적에 바벨론 왕 느부갓네살에게 사로잡혀 갔던 자들 중에서 놓임을 받고 예루살렘과 유다에 돌아와 각기 자기들의 성읍에 이른 자들 곧
7 스룹바벨과 예수아와 느헤미야와 아사랴와 라아먀와 나하마니와 모르드개와 빌산과 미스베렛과 비그왜와 느훔과 바아나와 함께 나온 이스라엘 백성의 명수가 이러하니라

오랫동안 중단됐던 예루살렘 성벽 재건은 온갖 악조건과 방해 속에서도 하나님의 선한 손의 도우심과 느헤미야의 탁월한 희생적 리더십으로 52일 만에 끝나게 됩니다. 성령에 사로잡힌 느헤미야가 제시한 진정성 있는 성벽 재건의 비전에 대제사장을 포함한 지도자들과 백성들이 힘써 협력함으로 속전속결로 성벽 재건이 이루어집니다. 느헤미야 7장부터는 성벽 재건이 끝이 아닌 또 하나의 새로운 시작임을 알려주는 이야기입니다.

성벽 재건은 예수 믿음으로 세상과 구별되어 하나님의 의를 덧입고 사는 초보적 믿음에서 자기 십자가를 질 수 있는 장성한 믿음까지 마음의 성을 계속 잘 지켜야 하는 과제로 인도합니다.

> 복음에는 하나님의 의가 나타나서 믿음으로 믿음에 이르게 하나니 기록된 바 오직 의인은 믿음으로 말미암아 살리라 함과 같으니라 롬 1:17

믿음의 성벽이 세워졌어도 늘 깨어 마음의 성을 파수하며 계속 기도와 말씀으로 지키지 않으면 다시 무너질 수도 있습니다.

> 그런즉 선줄로 생각하는 자는 넘어질까 조심하라 고전 10:12

초보적 믿음에서 장성한 믿음에 이르게 되면 점점 더 육신적 자아를 죽여 때를 따라 도우시는 하늘 성전 예수님의 마음 깊은 곳인 지성소 은혜의 보좌까지 담대히 나아가기 시작합니다. 이때부터 믿음으로 장성한 믿음에 이르는 차원을 넘어 하늘 성전 지성소의 보좌에 임재하는 영광의 영을 덧입게 됩니다. 영광에서 더 큰 영광의 차원으로 나아가게 되는 영적 성장이 일어나게 되는 것이지요.

> 우리가 다 수건을 벗은 얼굴로 거울을 보는 것 같이 주의 영광을 보매 그와 같은 형상으로 변화하여 영광에서 영광에 이르니 곧 주의 영으로 말미암음이니라 고후 3:18

무너진 예루살렘 성벽 보수가 완료되고 문짝을 다는 것으로 모든 공사는 일단락됩니다. 느헤미야는 이후에 예루살렘 성벽을 지속적으로 지키고 관리할 수 있도록 조치합니다.

첫째, 충성스럽고 하나님을 경외함이 뛰어난 믿음의 사람들에게 중요한 직책을 맡겨 지도력을 위임해 줍니다. 그리스도의 나라와 그리스도의 몸 된 교회를 세우는 일도 충성된 사람들에게 권위를 위임해 줌으로 가능합니다. 충분히 연단되지 못한 사람에게 지도력을 위임하면 부패한 마음으로 인해 경건이 이익의 수단으로 전락하기도 합니다. 또 여러 가지 분쟁과 갈등이 야기되기도 합니다. 바울도 믿음의 아들 디모데에게 하나님의 말씀을 가르쳐 그리스도의 몸 된 교회의 지체들을 양육하고 믿음을 굳게 세우는 일에 대해 이렇게 권면했습니다.

> 또 네가 많은 증인 앞에서 내게 들은 바를 충성된 사람들에게 부탁하라 그들이 또 다른 사람들을 가르칠 수 있으리라 딤후 2:2

둘째, 예루살렘 주민에게 각각 자기가 지키는 곳을 지정하여 파수하게 했습니다. 주민 각자가 성벽을 지켜 경계를 서는 구역은 자기 집 맞은편으로 지정해 주었습니다. 이렇게 함으로 주민들이 생업과 가정의 일상을 감당하면서도 동시에 무장하여 예루살렘 성벽을 지킬 수 있도록 경비 시스템을 구축한 것입니다. 일종의 자체 경비단이라고 보면 좋겠습니다.

이제는 성벽 재건이 다 이루어졌기에 주민들이 한 손으로는 농기구와 밥그릇을 들고 한 손으로는 칼과 방패를 드는 삶을 살게 되었습니다. 성도들 각자 마음의 성을 죄 많은 세상으로부터 거룩하게 지키기 위해 두 가지 일을 동시에 다 잘해야 함을 의미합니다. 일상적인 가정과 생업의 일도 최선을 다해야 합니다. 동시에 말씀 충만, 성령 충만으로 하나님의 전신갑주를 입고 성령의 검을 들고 경계를 서며 공중의 권세를 잡은 악한 영들과 효과적으로 잘 싸워야 합니다. 즉 속된 일과 거룩한 일의 구별 없이 모든 생활 영역에 하나님의 말씀과 성령의 통치가 이루어지도록 늘 깨어 다스림을 받아야 합니다. 육체로는 땅을 밟고 살지만 영적으로는 하늘의 영역에서 주시는 주님의 지혜와 권능을 받아 공중 권세 잡은 악한 영들로부터 자신과 가족들을 잘 지켜 싸워야 합니다.

셋째, 느헤미야는 성령의 감동으로 바벨론 포로에서 예루살렘으로 돌아온 귀환자들의 계보를 정리하여 기록하는 일을 시행합니다. 5절부터 73절까지 포로 귀환자들의 계보가 정리되어 있습니다. 이것은 예루살렘 성벽이 재건되어 이제 한숨 돌리고 나라의 행정 체계를 제대로 갖춘다는 의미가 있습니다. 또한 머나먼 이방 땅 큰 성 바벨론 제국에서 오랜 포로 생활 동안 일구어 왔던 모든 삶의 기반을 다 내려놓고 오직 성령의 감동에 순종하는 믿음으로 예루살렘으로 돌아온 성도들의 이름을 기록으로 남겨 기념하는 의미도 있습니다.

사도 요한은 장차 오직 어린 양의 생명책에 기록된 자들만 거룩한 성 새 예루살렘에 들어갈 수 있다고 알려줍니다.

> 무엇이든지 속된 것이나 가증한 일 또는 거짓말하는
> 자는 결코 그리로 들어가지 못하되 오직 어린 양의
> 생명책에 기록된 자들만 들어가리라 계 21:27

요한계시록 14-19장은 이 세상이 점점 더 큰 성 바벨론, 큰 음녀와 같이 변해갈 것을 알려주고 있습니다. 그리스도의 신부 된 우리들은 큰 성 바벨론에 얽매이지 말고 오직 위의 것을 바라보며 날마다 성령의 능력을 따라 거룩하게 구별된 심령 천국의 삶을 살아야 하겠습니다.

여덟째 날

알곡으로 추수되어 초막절 잔치에 참여합시다

느헤미야 8장 13-18절

13 그 이튿날 뭇 백성의 족장들과 제사장들과 레위 사람들이 율법의 말씀을 밝히 알고자 하여 학사 에스라에게 모여서
14 율법에 기록된 바를 본즉 여호와께서 모세를 통하여 명령하시기를 이스라엘 자손은 일곱째 달 절기에 초막에서 거할지니라 하였고
15 또 일렀으되 모든 성읍과 예루살렘에 공포하여 이르기를 너희는 산에 가서 감람나무 가지와 들감람나무 가지와 화석류나무 가지와 종려나무 가지와 기타 무성한 나무 가지를 가져다가 기록한 바를 따라 초막을 지으라 하라 한지라
16 백성이 이에 나가서 나뭇가지를 가져다가 혹은 지붕 위에, 혹은 뜰 안에, 혹은 하나님의 전 뜰에, 혹은 수문 광장에, 혹은 에브라임 문 광장에 초막을 짓되
17 사로잡혔다가 돌아온 회중이 다 초막을 짓고 그 안에서 거하니 눈의 아들 여호수아 때로부터 그 날까지 이스라엘 자손이 이같이 행한 일이 없었으므로 이에 크게 기뻐하며
18 에스라는 첫날부터 끝날까지 날마다 하나님의 율법책을 낭독하고 무리가 이레 동안 절기를 지키고 여덟째 날에 규례를 따라 성회를 열었느니라

하나님은 농부이고 세상과 사람들의 마음은 밭입니다. 천국 복음의 좋은 씨를 마음 밭에 심은 우리들은 그가 기르시는 알곡입니다. 하나님이 이 세상 사람들의 마음 밭에서 예수 그리스도를 통해 짓고 계시는 거룩한 농사는 때를 따라 진행됩니다. 하나님의 사람 농사 시간표는 레위기 23장의 여호와의 일곱 절기로 알 수 있습니다. 구세주(메시야, 그리스도) 예수님의 초림과 관련된 절기가 봄 절기입니다. 유월절, 무교절, 초실절, 오순절이 그것입니다. 2,000년 전 오순절 날 예루살렘 마가 다락방에 모인 120명의 제자에게 이른 비 성령의 권능이 부어져 여름 4개월에 해당하는 기간 동안 주로 이방인 추수가 진행되는 중입니다. 여러 가지 세상 징조를 볼 때 점점 예수 그리스도 재림을 알리는 가을 절기가 가까이 오고 있음을 알 수 있습니다. 가을 절기는 나팔절, 대속죄절, 초막절입니다. 초막절은 야곱 족속 이스라엘과 요셉 족속 이방인의 구원받은 충만한 수의 알곡에 대한 추수를 마무리된 후의 추수 감사 잔치 절기입니다.

느헤미야 8장은 예수님의 재림을 알려주는 가을 절기 중 특히 알곡 영혼 추수가 마무리된 후의 추수 감사 잔치인 초막절을 지키는 모습으로 끝나고 있습니다. 즉 알곡 영혼 추수가 마무리된 후 안식하며 즐겁게 잔치를 즐기는 모습으로 끝이 납니다. 이

것은 예루살렘 성벽 재건의 의미가 장차 하늘에 있는 것들과 땅에 있는 것들이 예수 그리스도 안에서 통일되어 죄와 사망이 없는 영원한 안식처인 새 예루살렘 성이 완성될 때 벌어질 잔치의 리허설임을 알려주고 있습니다.

느헤미야 8장 1-12절은 가을 절기인 나팔절의 첫째 날 예루살렘에서 행한 일을 묘사하고 있습니다. 유대 종교력으로 일곱째 달 초하루, 7월 1일은 나팔절이 시작되는 첫날입니다. 예루살렘 성벽 재건의 완성이 엘룰월 이십 오일, 6월 25일에 마무리되었습니다. 6월 25일 성벽 재건 완성 후 이어서 7월 1일(히브리어로 7월은 티슈리월)에 나팔절 절기를 시작합니다. 나팔절 첫날 백성들을 일제히 예루살렘 성 수문 앞 광장에 모이게 한 후 학사 겸 제사장 에스라에게 모세의 율법책을 읽게 합니다. 에스라가 율법책을 낭독할 때 백성들은 일어서서 말씀을 경청하며 하나님께 경배드렸습니다. 레위 사람들은 광장에 모인 백성들에게 낭독한 율법책의 뜻을 다 깨닫게 했습니다.

백성들이 율법의 말씀을 듣고 그 의미를 깨닫게 되자 자신들이 왜 이런 고난과 징계를 받아야만 했는지를 알고 슬피 울며 회개합니다. 그러나 느헤미야는 나팔절에 율법책의 말씀을 듣게 된 것에 감사하며 근심하지 말고 기뻐하라고 촉구합니다.

13절부터는 나팔절 이튿날 율법책을 해석한 후 여호와의 절기 중 가을 절기인 나팔절, 대속죄절, 초막절이 일곱째 달에 열리는 절기이기에 초막을 짓게 합니다. 규례대로 예루살렘 성 여러 곳에 초막을 짓고 초막 안에서 거하게 합니다. 여호수아 때로부터 이날까지 부분적으로는 초막절을 지켰지만 예루살렘 거민들이 힘을 다해 제대로 초막절을 지킨 것은 처음이었기에 크게 기뻐했습니다. 초막절 첫날부터 이레 동안 절기를 지키고 여덟째 날에 규례를 따라 성회를 열었습니다. 초막절의 이레가 지나고 여덟째 날의 큰 성회를 장엄한 대회라 칭했습니다.(민 29:35) 구원받은 알곡 영혼들이 초막절의 칠 일간의 안식 후 여덟째 날 죄와 사망이 없는 영원한 안식처 새 예루살렘 성으로 들어갈 것을 기념하는 장엄한 대회를 열었습니다.(계 21, 22장)

나팔절은 크게 세 가지 의미가 있습니다. 첫째, 하늘의 문이 열리고 생명책을 펼친다는 뜻이 있습니다. 둘째, 만왕의 왕이 오심을 알리고 깨어나라고 나팔을 부는 의미가 있습니다. 셋째, 오실 왕의 혼인 잔치를 준비하라는 의미가 있습니다. 데살로니가전서 4장 16-17절은 하나님의 나팔 소리에 그리스도의 신부들이 변화되어 구름 속으로 끌어 올려 공중에서 주님을 영접하여 어린 양의 혼인 잔치에 참여할 것을 알려줍니다. 그래서 나팔절의 하나님의 나팔 소리, 마지막 나팔 소리에 어린 양의 공중 혼인 잔치가 있을 것으로 예상합니다.

나팔절이 시작되는 7월 1일부터 7월 10일 대속죄일이 시작되는 날까지 "경외의 십일" 기간이 주어집니다. 이 열흘간 하나님의 백성들은 자신의 죄를 회개하며 왕이 지상에 강림하실 것을 준비합니다. 이로부터 5일 후인 7월 15일 초막절에 추수된 알곡 영혼들이 이레 동안 추수 감사 잔치를 누리다가 여덟째 날 장엄한 대회를 열어 죄와 사망이 없는 거룩한 성 새 예루살렘으로 들어가 영원히 안식하게 될 것을 소망합니다.

느헤미야 8장은 예루살렘 성벽 재건 후 가을 절기인 일곱째 달 절기인 나팔절, 대속죄절, 초막절 그리고 초막절의 여덟째 날 장엄한 대성회로 마무리하는 것은 장차 일어날 일의 리허설 의미가 있다고 봅니다. 즉 요한계시록 21-22장의 새 예루살렘 성에 거하는 영원한 안식의 리허설이라 볼 수 있습니다. 우리도 농부 하나님의 눈에 주님을 닮은 잘 익은 알곡 열매로 익어 새 예루살렘 성의 영원한 안식에 들어가기를 힘써야 하겠습니다.

아홉째 날
새 계명을 지켜 약속의 성령으로 인침을 받으라!

느헤미야 9장 28-38절

28 그들이 평강을 얻은 후에 다시 주 앞에서 악을 행하므로 주께서 그들을 원수들의 손에 버려 두사 원수들에게 지배를 당하게 하시다가 그들이 돌이켜 주께 부르짖으매 주께서 하늘에서 들으시고 여러 번 주의 긍휼로 건져내시고
29 다시 주의 율법을 복종하게 하시려고 그들에게 경계하셨으나 그들이 교만하여 사람이 준행하면 그 가운데에서 삶을 얻는 주의 계명을 듣지 아니하며 주의 규례를 범하여 고집하는 어깨를 내밀며 목을 굳게 하여 듣지 아니하였나이다
30 그러나 주께서 그들을 여러 해 동안 참으시고 또 주의 선지자들을 통하여 주의 영으로 그들을 경계하시되 그들이 듣지 아니하므로 열방 사람들의 손에 넘기시고도
31 주의 크신 긍휼로 그들을 아주 멸하지 아니하시며 버리지도 아니하셨사오니 주는 은혜로우시고 불쌍히 여기시는 하나님이심이니이다
32 우리 하나님이여 광대하시고 능하시고 두려우시며 언약과 인자하심을 지키시는 하나님이여 우리와 우리 왕들과 방백들과 제사장들과 선지자들과 조상들과 주의 모든 백성이 앗수르 왕들의 때로부터 오늘까지 당한 모든 환난을 이제 작게 여기지 마옵소서
33 그러나 우리가 당한 모든 일에 주는 공의로우시니 우리는 악을 행하였사오나 주께서는 진실하게 행하셨음이니이다
34 우리 왕들과 방백들과 제사장들과 조상들이 주의 율법을 지키지 아니하며 주의 명령과 주께서 그들에게 경계하신 말씀을 순종하지 아

니하고
35 그들이 그 나라와 주께서 그들에게 베푸신 큰 복과 자기 앞에 주신 넓고 기름진 땅을 누리면서도 주를 섬기지 아니하며 악행을 그치지 아니하였으므로
36 우리가 오늘날 종이 되었는데 곧 주께서 우리 조상들에게 주사 그것의 열매를 먹고 그것의 아름다운 소산을 누리게 하신 땅에서 우리가 종이 되었나이다
37 우리의 죄로 말미암아 주께서 우리 위에 세우신 이방 왕들이 이 땅의 많은 소산을 얻고 그들이 우리의 몸과 가축을 임의로 관할하오니 우리의 곤란이 심하오며
38 우리가 이 모든 일로 말미암아 이제 견고한 언약을 세워 기록하고 우리의 방백들과 레위 사람들과 제사장들이 다 인봉하나이다 하였느니라

느헤미야 8장은 여호와의 일곱 절기 중 마지막 절기인 7월 15일에 시작되는 초막절을 지키는 것으로 마무리됩니다. 규례를 따라 이레 동안 초막절을 지킨 후 여덟째 날 새로운 시작을 알리는 장엄한 대성회로 마무리합니다. 7월 15일에서 8을 더하여 7월 23일에 초막절 여덟째 날 장엄한 대성회로 마무리한 것입니다. 이스라엘 백성들이 약속의 땅 가나안에 들어가 한 해 동안 기른 모든 알곡 추수를 마무리하고 안식하는 것입니다. 마태복음 13장에서 주님은 농사 비유를 통해 밭은 이 세상이고 추수 때는 세상 끝이라고 해석해 주셨습니다. 추수꾼은 천사들입니다. 이 세상의 종말은 끝이 아니라 죽으시고 부활 승천하신 주님이 다시 오심으로 새 세상 즉 땅이 안식하는 그리스도의 나라가 새롭게 시작되기 위한 옛 세상의 끝입니다.

느헤미야 9장은 여호와의 일곱 농사 절기의 한 사이클의 끝인 초막절 여덟째 날 7월 23일 장엄한 대회를 마치고 난 후인 7월 24일에 예루살렘 백성들이 행한 일을 기록했습니다. 이들은 가을 절기 나팔절에 에스라와 제사장들을 통해 모세의 율법책의 의미를 깨닫게 됩니다. 자신들이 지금까지 이방 제국에 의해 짓밟히고 포로로 잡혀가는 수모를 당한 이유가 하나님의 언약을 배반했기 때문인 것을 제대로 알게 됩니다. 그래서 가을 절기의 마지막인 초막절 절기가 끝난 후에도 일상으로 돌아가지 않고 굵은 베옷을 입고 티끌을 뒤집어쓰고 자신들과 조상들의 죄를 회개하게 됩니다. 말씀에 대한 깨달음이 통회 자복의 영적 각성으로 이어진 것입니다. 7월 24일에 성전 직무를 맡은 레위 사람의 인도를 따라 회개의 대성회를 갖게 됩니다. 이때 자신들의 믿음의 조상 아브라함부터 출애굽 가나안 정복까지를 말씀 안에서 회고하며 회개합니다.

28절부터 38절은 자기 조상들이 가나안에 정착한 후 평강과 풍요의 안식을 누리게 되었을 때 교만하여져 하나님의 계명에 순종하지 않았음을 회개합니다. 주님이 오래 참으시며 선지자들을 보내사 여러 번 경계하셨는데도 완악하여 불순종함으로 열방 사람들의 손에 붙이게 되었음을 시인합니다. 그러나 주의 크신 긍휼로 아주 멸하지 아니하시고 거룩한 그루터기를 남겨두신 은혜로우시고 불쌍히 여기시는 하나님을 송축합니다. 또한 예루살렘 백성들은 북 이스라엘이 우상숭배의 죄로 앗수르에 패망한 것과 남유다가 바벨론에 패망하여 오늘까지 당한 모든 환난을 작게 여기지 말아 달라고 간구합니다. 자신들과 조상들의 죄로 인해 당하고 있는 이 모든 환란과 수치로 말미암아 다시금 하나님과 언약 갱신을 체결합니다. 하나님과 백성들 사이에 견고한 언약을 다시 세워 기록하고 백성의 지도자들과 레위 사람들과 제사장들이 다 인봉을 합니다. 하나님과의 언약을 갱신한 기록 위에 백성의 지도자들과 제사장들이 인을 쳤다는 의미입니다.

그러나 율법을 맡은 하나님의 택한 백성 이스라엘은 언약을 갱신하고 도장까지 찍어 약속을 지키겠다는 굳은 결의를 보였지만 얼마 못가 또 넘어지고 맙니다. 결국 율법을 맡은 이스라엘 백성들은 모든 육체를 가진 사람들은 다 죄인인 것을 알려주는 정죄의 직분자 역할을 감당하게 된 것입니다.

> 그러나 성경이 모든 것을 죄 아래에 가두었으니 이는 예수 그리스도를 믿음으로 말미암는 약속을 믿는 자들에게 주려 함이라 믿음이 오기 전에 우리는 율법 아래에 매인 바 되고 계시될 믿음의 때까지 갇혔느니라 갈 3:22-23

구약의 율법이 모든 것을 죄 아래에 가둔 후 예수님이 오셔서 온 세상 죄 대신 속죄하는 희생 제물의 피를 흘리심으로 복음의 길을 열어주신 것입니다. 그래서 누구든지 예수님이 대신 흘리신 속죄하는 희생의 피를 믿는 성도에게는 정죄를 당하지 않는 은혜가 주어지게 된 것입니다. 예수님의 십자가 피의 희생을 통해 죄인들을 죄와 사망으로 정죄하는 율법이 생명의 성령을 주시는 복음이 된 것입니다.

예루살렘 성벽을 재건한 후 이스라엘 백성들이 다시 죄짓지 않고 율법의 말씀에 순종하겠다고 굳게 결심하고 사람의 도장, 즉 인을 쳤지만 결국 실패합니다. 죽을 수밖에 없는 육체적 생명을 가진 모든 사람은 하나님 주신 율법의 말씀을 지킬 능력이 없음을 이스라엘이 대표선수로 보여준 것입니다. 그래서 하나님은 창세전에 정하신 뜻대로 예수님을 세상 죄를 지고 가는 하나님의 어린 양으로 보내셔서 유월절 날 십자가에 달려 대속의 희생 제물로 죽도록 내어주신 것입니다. 유월절에 희생양으로 죽어 무교절에 무덤 속에 삼 일간 있다가 초실절에 부활의 첫 열매가 됩니다.

부활하신 후 40일간 하나님 나라의 일을 제자들에게 더 자세히 풀어 가르치신 후 10일 후인 오순절 날 하나님 아버지께서 약속하신 이른 비 성령을 부어주십니다. 오순절 이른 비 성령의 권능을 받은 제자들이 전한 복음을 믿는 성도들은 이제 그 마음에 성령의 인침을 받은 하나님의 소유가 된 백성으로 살아가는 것입니다. 약속의 성령으로 인침을 받은 성도들은 이제 자기 몸을 하나님이 기뻐하신 산 제물로 드리는 삶을 살아야 합니다.

열째 날
마음의 성을 재건한 후 해야하는 일
느헤미야 10장 28-39절

28 그 남은 백성과 제사장들과 레위 사람들과 문지기들과 노래하는 자들과 느디님 사람들과 및 이방 사람과 절교하고 하나님의 율법을 준행하는 모든 자와 그들의 아내와 그들의 자녀들 곧 지식과 총명이 있는 자들은
29 다 그들의 형제 귀족들을 따라 저주로 맹세하기를 우리가 하나님의 종 모세를 통하여 주신 하나님의 율법을 따라 우리 주 여호와의 모든 계명과 규례와 율례를 지켜 행하여
30 우리의 딸들을 이 땅 백성에게 주지 아니하고 우리의 아들들을 위하여 그들의 딸들을 데려오지 아니하며
31 혹시 이 땅 백성이 안식일에 물품이나 온갖 곡물을 가져다가 팔려고 할지라도 우리가 안식일이나 성일에는 그들에게서 사지 않겠고 일곱째 해마다 땅을 쉬게 하고 모든 빚을 탕감하리라 하였고
32 우리가 또 스스로 규례를 정하기를 해마다 각기 세겔의 삼분의 일을 수납하여 하나님의 전을 위하여 쓰게 하되
33 곧 진설병과 항상 드리는 소제와 항상 드리는 번제와 안식일과 초하루와 정한 절기에 쓸 것과 성물과 이스라엘을 위하는 속죄제와 우리 하나님의 전의 모든 일을 위하여 쓰게 하였고
34 또 우리 제사장들과 레위 사람들과 백성들이 제비 뽑아 각기 종족대로 해마다 정한 시기에 나무를 우리 하나님의 전에 바쳐 율법에 기록한 대로 우리 하나님 여호와의 제단에 사르게 하였고
35 해마다 우리 토지 소산의 맏물과 각종 과목의 첫 열매를 여호와의

전에 드리기로 하였고
36 또 우리의 맏아들들과 가축의 처음 난 것과 소와 양의 처음 난 것을 율법에 기록된 대로 우리 하나님의 전으로 가져다가 우리 하나님의 전에서 섬기는 제사장들에게 주고
37 또 처음 익은 밀의 가루와 거제물과 각종 과목의 열매와 새 포도주와 기름을 제사장들에게로 가져다가 우리 하나님의 전의 여러 방에 두고 또 우리 산물의 십일조를 레위 사람들에게 주리라 하였나니 이 레위 사람들은 우리의 모든 성읍에서 산물의 십일조를 받는 자임이며
38 레위 사람들이 십일조를 받을 때에는 아론의 자손 제사장 한 사람이 함께 있을 것이요 레위 사람들은 그 십일조의 십분의 일을 가져다가 우리 하나님의 전 곳간의 여러 방에 두되
39 곧 이스라엘 자손과 레위 자손이 거제로 드린 곡식과 새 포도주와 기름을 가져다가 성소의 그릇들을 두는 골방 곧 섬기는 제사장들과 문지기들과 노래하는 자들이 있는 골방에 둘 것이라 그리하여 우리가 우리 하나님의 전을 버려 두지 아니하리라

예루살렘 성벽을 재건한 후 여호와의 절기 중 예수님 재림을 알려주는 가을 절기에 민족적인 큰 회개와 각성이 일어납니다. 에스라와 레위 제사장들을 통해 오랫동안 잊고 살았던 모세의 율법을 듣고 그 의미를 깨닫게 된 결과입니다. 하나님의 말씀을 통한 통회 자복의 역사는 회개에 합당한 삶의 열매로 나타나게 되었습니다.

첫째, 자기 자녀들로 하여금 주변의 이방인들과 결혼하지 않도록 하겠다고 약속합니다. 이스라엘 백성들의 경우 율법으로 이방인과의 결혼을 금하게 했습니다. 이를 신약의 복음으로 이해한다면 예수를 믿지 않는 사람들과 영적, 도덕적, 윤리적으로 구별된 삶을 살겠다는 결단의 의미입니다.

둘째, 안식일과 안식년의 규례를 지키겠다고 약속합니다. 율법을 따라 안식일과 안식년 규례를 지키겠다는 의미는 신약의 복음으로는 세상 사람들과 구별된 예배자의 삶을 살겠다는 의미입니다. 세상의 분주한 일을 내려놓고 전심으로 하나님께 예배드림으로 몸과 마음의 안식에 힘쓰겠다는 의미입니다.

셋째, 재건된 예루살렘 성의 중심부에 있는 예루살렘 성전에 필요한 모든 비용과 제사용 제물을 드리겠다고 약속합니다.

넷째, 성전의 직무를 감당하는 레위인들, 제사장들과 문지기들과 노래하는 자들에게 필요한 십일조와 양식을 제공하겠다고 약속합니다.

　느헤미야 10장은 무너진 예루살렘 성벽의 재건의 본질이 하나님의 백성들이 성전에서 참된 예배자의 삶을 회복하는 것에 있다는 사실을 잘 보여주고 있습니다. 이 세상 우상 신에게 무릎 꿇지 않고 오직 예수 그리스도께만 참된 경배를 드리기 위해 마음의 성이 무너지지 않도록 늘 깨어 잘 지켜야 하겠습니다. 우리들이 신약의 레위인으로 하나님의 소유된 백성, 왕 같은 제사장답게 참된 예배자로 화목케하는 복음의 말씀을 전하는 삶을 살면 모든 필요를 하나님께서 약속대로 채워주실 것입니다.

> 그런즉 너희는 먼저 그의 나라와 그의 의를 구하라
> 그리하면 이 모든 것을 너희에게 더하시리라
> 마 6:33

> 나의 하나님이 그리스도 예수 안에서 영광 가운데
> 그 풍성한 대로 너희 모든 쓸 것을 채우시리라
> 빌 4:19

| 열한째 날

새 예루살렘성에 거주하기를 사모하라!
느헤미야 11장 1-2절

1 백성의 지도자들은 예루살렘에 거주하였고 그 남은 백성은 제비 뽑아 십분의 일은 거룩한 성 예루살렘에서 거주하게 하고 그 십분의 구는 다른 성읍에 거주하게 하였으며
2 예루살렘에 거주하기를 자원하는 모든 자를 위하여 백성들이 복을 빌었느니라

경건한 지도자 느헤미야의 탁월한 리더십을 통해 예루살렘 성벽이 재건된 후 드디어 성전에서 하나님께 온전한 제사가 드려지게 됩니다. 지속적으로 예루살렘 성벽과 성전을 원수들로부터 지키는 일을 감당하기 위해 계속 예루살렘에 머물 백성들이 필요했습니다. 이를 위해 느헤미야는 다음과 같은 합리적인 방안을 제시합니다.

> 백성의 지도자들은 예루살렘에 거주하였고 그 남은 백성은 제비 뽑아 십분의 일은 거룩한 성 예루살람에서 거주하게 하고 그 십분의 구는 다른 성읍에 거주하게 하였으며 예루살렘에 거주하기를 자원하는 모든 자를 위하여 백성들이 복을 빌었더라 느 11:1-2

3-24절은 예루살렘에 거주하는 사람들의 명단이고, 25-36절은 예루살렘 성 주변 마을과 들에 거주하는 백성들의 명단입니다.

믿음의 조상 아브라함에게 너의 후손에게 영원한 기업으로 주겠다고 약속하신 가나안 땅과 예루살렘 성은 영원한 하나님 나라의 모형입니다. 약속의 땅 가나안은 하나님 나라의 전 영토를 의미합니다. 하나님은 믿음의 조상 아브라함에게 그의 자손(아브라함과 같이 오직 믿음으로 의롭다 함을 받는 믿음의 후손들)에게 주실 기업의 땅을 약속하십니다.

> 그 날에 여호와께서 아브람과 더불어 언약을 세워 이르시되 내가 이 땅을 애굽 강에서부터 그 큰강 유브라데까지 네 자손에게 주노니 창 15:18

아브라함의 믿음의 후손들에게 주실 약속의 땅의 지경이 가나안에만 국한되는 것이 아니라 애굽 강에서부터 큰 강 유브라데까지라고 했습니다. 이것은 영원한 하나님 나라 기업의 영토에 대한 시청각 모형이라고 볼 수 있습니다. 그 영토 중에서 영원한 하나님 나라의 심장부는 만왕의 왕 하나님 아버지와 어린 양의 보좌가 있는 거룩한 성 새 예루살렘입니다.

느헤미야를 통해 재건된 무너진 예루살렘 성은 장차 예수 그리스도 안에서 반드시 세워질 영원한 하나님 나라의 심장부인 새 예루살렘 성의 그림자입니다. 사도 요한은 새 예루살렘 성을 영원한 기업으로 상속받을 자들의 자격을 알려줍니다.

> 이기는 자는 이것들을 상속으로 받으리라 나는 그의

하나님이 되고 그는 내 아들이 되리라 계 21:7

　이기는 자는 요한계시록 7장에서 소아시아 일곱교회에 주시는 주님의 말씀에 공통으로 등장하는 권면인 그 이기는 자들을 의미합니다. 자신의 죄성을 이기고, 죄 많은 세상 문화를 이기고, 죄 권하는 마귀의 세력을 성령의 능력으로 이기는 성도들을 말합니다. 사도 요한은 영원한 나라의 심장부인 새 예루살렘 성에 들어갈 자들이 땅의 왕들이라고 했습니다.

> 만국이 그 빛 가운데로 다니고 땅의 왕들이 자기 영광을 가지고 그리로 들어가리라 계 21:24

　새 예루살렘 성에 거하는 하나님의 소유로 인침을 받은 백성들, 왕들과 제사장들이 세세토록 왕 노릇하는 자들이 될 것입니다.(계 22:5)

　느헤미야 11장 1절은 백성의 지도자들 외에 회복된 예루살렘 성에 남아 거주하게 될 백성들이 제비를 통해 뽑힌 십 분의 일에 해당하는 사람이라고 했습니다. 제비를 통해 뽑힌다는 의미는 하나님의 택함을 받은 자라는 의미입니다. 하나님의 백성들의 십일조는 하나님의 소유로 인침을 받은 백성이라는 말입니다. 또한 십 분의 일은 좋은 열매를 맺지 못해 나무가 베임을 당하여도 남아 있는 그루터기 즉 거룩한 씨가 약속의 땅의 그루터기가 될 것을 이사야 선지자가 예언했습니다.

> 그 중에 십분의 일이 아직 남아 있을지라도 이것도 황폐하게 될 것이나 밤나무와 상수리 나무가 베임을 당하여도 그 그루터기는 남아 있는 것 같이 거룩한 씨가 이 땅의 그루터기니라 하시더라   사 6:13

제비 뽑혀서 예루살렘에 남게 되는 십분의 일은 거룩한 씨로 세상과 구별되게 살아야 하는 하나님의 소유가 된 백성의 의무를 다하도록 택함을 받은 것입니다.

제비 뽑힌 십 분의 일 외에 예루살렘에 거주하기를 자원하는 모든 자를 위해 백성들이 복을 빌었다고 합니다. 예루살렘에 거주하는 백성들에게는 성결한 삶의 의무와 책임이 따르지만 영원의 관점에서 참으로 복된 일임을 암시하는 말씀입니다. 회복된 예루살렘 성에 거주하는 백성들은 장차 전능하신 하나님의 손에 의해 완성될 영원한 안식처 새 예루살렘 성에 거주할 하나님의 소유된 백성, 왕 같은 제사장들의 그림자입니다.

열둘째 날

각 사람에게 그가 행한대로 갚아 주리라!

느헤미야 13장 28-31절

28 대제사장 엘리아십의 손자 요야다의 아들 하나가 호론 사람 산발랏의 사위가 되었으므로 내가 쫓아내어 나를 떠나게 하였느니라
29 내 하나님이여 그들이 제사장의 직분을 더럽히고 제사장의 직분과 레위 사람에 대한 언약을 어겼사오니 그들을 기억하옵소서
30 이와 같이 그들에게 이방 사람을 떠나게 하여 그들을 깨끗하게 하고 또 제사장과 레위 사람의 반열을 세워 각각 자기의 일을 맡게 하고
31 정한 기한에 나무와 처음 익은 것을 드리게 하였사오니 내 하나님이여 나를 기억하사 복을 주옵소서

느헤미야 12장 1-26절은 예루살렘 성전에서 성전 직무와 제사의 일을 관장할 레위 사람들과 제사장들의 이름을 기록합니다. 27-43절은 재건된 예루살렘 성벽을 하나님께 즐거이 봉헌식을 드리는 모습을 보여줍니다. 44-47절은 레위 사람들과 제사장들이 맡은 일을 잘 감당할 수 있도록 양식과 필요한 몫을 챙겨주었음을 기록했습니다. 이로써 예루살렘 성벽 재건과 성전의 제사가 잘 드려질 수 있는 모든 일을 마무리 짓게 됩니다.

느헤미야 13장은 예루살렘 성벽 재건을 잘 마무리했음에도 거룩한 성 예루살렘으로 잘 지켜지도록 계속 죄와 싸우는 개혁이 필요함을 보여줍니다. 경건한 삶의 본을 보여야 할 대제사장 엘리아십이 암몬 사람 도비야와 결탁되어 하나님의 성전에 큰 방을 만들어 준 것을 지적하고 그 본래의 용도대로 회복시킵니다. 또한 백성들이 레위 사람들이 받을 몫을 챙겨주지 못해 성전 직무에 차질이 생긴 것에 대해 지도자들을 책망하고 충직한 자들에게 성전 창고지기 일을 맡깁니다. 더하여 안식일을 구별하여 지키지 않은 것을 책망하여 바로 잡습니다. 또한 이방 여인과 통혼한 일을 꾸짖고 교정합니다. 특히 대제사장 엘리아십의 손자 요야다의 아들 하나가 성벽 재건을 집요하게 방해했던 호론 사람 산발랏의 사위가 되었기에 그를 쫓아냅니다.

거룩한 성 예루살렘 재건이 이루어지고 성전 제사가 제대로 드려지기 시작했음에도 여전히 하나님의 백성들이 죄와 타협하거나 자신들의 의무를 태만하게 하는 모습을 볼 수 있습니다. 성벽 재건을 하고 성전 직분자를 세우고 시스템을 개혁한다 해도 결국 하나님을 경외하는 성도들 마음의 성과 성전을 회복하고 지키는 것이 더 본질적인 일임을 말하고 있습니다. 성벽 재건과 성전의 일을 회복하는 모습은 예수 그리스도를 믿는 성도들의 마음이 다시 새롭게 회복되어야 할 성이요, 성전인 것에 대한 그림자라 할 수 있습니다.

> 너희는 너희가 하나님의 성전인 것과 하나님의 성령이 너희 안에 계시는 것을 알지 못하느냐 누구든지 하나님의 성전을 더럽히면 하나님이 그 사람을 멸하시리라 하나님의 성전은 거룩하니 너희도 그러하니라 고전 3:16-17

예수님을 믿어 성령이 거하시는 성전으로 시작했다면 끝까지 성령의 전으로 살아야 합니다. 성령으로 시작했다가 죄로 인해 성령이 떠나 육체로 마친다면 참으로 어리석은 자가 되는 것입니다.

너희가 이같이 어리석으니 성령으로 시작하였다가
이제는 육체로 마치겠느냐 갈 3:3

반복되는 죄로 인해 우리의 마음 성전에 거하시는 성령을 근심하게 하거나 소멸하는 일이 없도록 늘 깨어 기도와 말씀의 거룩한 삶을 살아야 하겠습니다.

예루살렘 성벽 재건과 성전 제사가 하나님께 온전하게 드려지도록 혼신의 노력을 다한 느헤미야는 하나님께 자신의 선한 일을 기억해 주시고 복 주시기를 간구합니다. 성경은 하나님의 뜻을 이루기 위해 수고한 성도들에게 상과 복을 주시는 하나님이신 것을 알려주고 있습니다. 느헤미야는 하나님이 자신의 희생적 섬김을 보시고 금생과 내생에 은혜와 복을 주실 것을 믿고 간구했습니다.

성경의 마지막 책인 요한계시록의 결론부에서 주님은 이렇게 약속하셨습니다.

> 불의를 행하는 자는 그대로 불의를 행하고 더러운 자는 그대로 더럽고 의로운 자는 그대로 의를 행하고 거룩한 자는 그대로 거룩하게 하라 보라 내가 속

히 오리니 내가 줄 상이 내게 있어 각 사람에게 그
가 행한 대로 갚아 주리라 계 22:11-12

모든 사람이 정한 때가 되면 반드시 주님의 심판대 앞에 서게 될 것입니다. 그 결산의 때에 영원히 썩지 않는 상을 받을만한 하나님을 기쁘시게 하는 삶을 항상 살아야 하겠습니다. 죄의 파도가 거세게 일어나는 이 시대에 우리의 마음을 거룩한 성, 성전으로 잘 지킬 수 있도록 늘 깨어 기도하며 더욱 주의 일에 힘쓰는 삶을 살도록 합시다.

2024 봄 하영인 새벽기도회

죽음을 이긴 사랑

- 아가서

A. 2024 봄 하영인 새벽기도회 주제 및 암송 요절

1. 주제 "죽음을 이긴 사랑"
2. 암송 요절
   너는 나를 도장 같이 마음에 품고 도장 같이 팔에 두라 사랑은 죽음 같이 강하고 질투는 스올같이 잔인하며 불길 같이 일어나니 그 기세가 여호와의 불과 같으니라
   아가서 8장 6절

B. 2024 봄 하영인 새벽기도회 소책자 사용법

1. 성경 요절들을 가족들이 함께 찾아서 읽고 묵상하고 연구해 봅시다.

　아가서에 관한 소책자에 소개된 관련 성경 요절들을 찾아서 반복해서 읽고 묵상 연구해 봅시다. 단순히 성경 지식을 머리에 입력하는 것이 아닙니다. 예수 그리스도와 한 몸의 지체가 된 성도들 사이의 죽음을 이긴 사랑이 마음 판에 도장 같이 새겨지는 것이 목표입니다. 그리스도 예수 안에 있는 하나님의 끊을 수 없는 사랑이 피부에 와 닿도록 깨닫는 것이 목표입니다. (롬 8:39)

2. 한 남편 그리스도와 그의 아내로 청함을 받은 그리스도의 신부들 사이의 사랑 노래입니다.

아가서는 포도원 주인 솔로몬 왕과 왕의 포도원을 경작하며 지키는 술람미 여인 사이의 사랑 노래입니다. 솔로몬 왕과 술람미 여인의 죽음을 이긴 사랑의 결론은 결혼하여 하나되어 영원한 안식처에서 함께 사는 해피 포레버(Happy Forever)입니다.(계 21-22장) 한 남편 예수 그리스도와 그의 아내로 택함 받은 성도들이 함께 창세로부터 하나님 아버지께서 예비하신 나라의 공동 상속자가 되는 행복을 노래한 책입니다.(마 25:34) 예수 그리스도를 통해 성도들에게 약속된 천국 신비의 퍼즐 조각들 일부를 아가서의 관련 요절로 소개했습니다. 아가서 관련 성경의 구절들을 연인 사이의 편지를 읽듯이 주님을 향한 사랑으로 묵상합시다.

3. 약속대로 다시 오실 신랑을 마음을 다해 사랑함으로 결혼식 준비를 잘 합시다.

솔로몬 왕과 술람미 여인은 마침내 사랑의 모든 방해와 시험을 다 이기고 결혼으로 하나됩니다. 다시 오실 신랑을 맞으러 나간 열 처녀 중 등을 밝힐 수 있는 충분한 기름을 준비한 슬기 있는 다섯 처녀같이 어린 양의 혼인잔치에 가족이 함께 들어갈 수

있도록 잘 준비합시다.(마 25:10)

꽃 3 (나태주)

예뻐서가 아니다 잘나서가 아니다 많은 것을 가져서도 아니다
다만 너이기 때문에 네가 너이기 때문에
보고 싶은 것이고 사랑스런 것이고 안쓰러운 것이고
끝내 가슴에 못이 되어 박히는 것이다
이유는 없다 있다면 오직 한가지 네가 너라는 사실! 네가 너이기
때문에
소중한 것이고 아름다운 것이고 사랑스런 것이고 가득한 것이다
꽃이여, 오래 그렇게 있거라.

C. 2024 봄 하영인 새벽기도회 요일 별 성경 구절과 제목

아가서 8장 6절

너는 나를 도장 같이 마음에 품고 도장 같이 팔에 두라 사랑은 죽음 같이 강하고 질투는 스올같이 잔인하며 불길 같이 일어나니 그 기세가 여호와의 불과 같으니라

● 첫째 주 ●

1. (아가서 1장 1-11절) 천국 왕궁에서 왕과 함께 살기 원하는 술람미 여인
2. (아가서 2장 1-7절) 왕을 사랑하다가 쇠약해진 술람미 여인
3. (아가서 2장 8-17절) 포도원을 허무는 작은 여우 떼를 잡으라!
4. (아가서 3장 1-5절) 밤중에 깨어 일어나 사랑하는 님을 찾아 헤매는 술람미 여인
5. (아가서 3장 6-11절) 사랑과 전쟁
6. (아가서 4장 1-16절) 왕의 마음을 빼앗은 술람미 여인의 생명 샘물이 솟아나는 마음 밭

● 둘째 주 ●

7. (아가서 5장 1-16절) 극히 값진 진주 같은 왕을 아는 지식을

따라 사랑하는 술람미 여인
8. (아가서 6장 1-7절) 당신은 내 뼈 중의 뼈요 살 중의 살입니다
9. (아가서 6장 8-13절) 왕의 특별한 총애를 받는 술람미 여인
10. (아가서 7장 1-13절) 나는 내 사랑하는 님의 것입니다
11. (아가서 8장 1-7절) 죽음의 두려움을 이기는 온전한 사랑
12. (아가서 8장 8-14절) 어린 양의 혼인 잔치에 참여합시다

* 너도 그러냐 (나태주)

나는 너 때문에 산다 밥을 먹어도 얼른 밥 먹고 너를 만나러 가야지
그리고 잠을 자도 얼른 날이 새어 너를 만나러 가야지 그런다
네가 곁에 있을 때는 왜 이리 시간이 빨리 가나 안타깝고
네가 없을 때는 왜 이리 시간이 더딘가 다시 안타깝다
멀리 길을 떠나도 너를 생각하며 떠나고 돌아올 때도 너를 생각하며 돌아온다
오늘도 나의 하루해는 너 때문에 떴다가 너 때문에 지는 해이다
너도 나처럼 그러냐?

너는 나를 도장 같이 마음에 품고
도장 같이 팔에 두라
사랑은 죽음 같이 강하고
질투는 스올같이 잔인하며
불길 같이 일어나니
그 기세가 여호와의 불과 같으니라

아가서 8장 6절

| 첫째 날

천국 왕궁에서 왕과 함께 살기 원하는 술람미 여인
아가서 1장 1–11절

1. 천국 왕궁에서 왕과 함께 살게 될 기쁨을 갈망하는 성도

(아가서 1장 1–4절)

¹ 솔로몬의 아가라 ² (여자) 내게 입맞추기를 원하니 네 사랑이 포도주보다 나음이로구나 ³ 네 기름이 향기로워 아름답고 네 이름이 쏟은 향기름 같으므로 처녀들이 너를 사랑하는구나 ⁴ 왕이 나를 그의 방으로 이끌어 들이시니 너는 나를 인도하라 우리가 너를 따라 달려가리라 우리가 너로 말미암아 기뻐하며 즐거워하니 네 사랑이 포도주보다 더 진함이라 처녀들이 너를 사랑함이 마땅하니라

(베드로전서 1장 8–9절)

⁸ 예수를 너희가 보지 못하였으나 사랑하는도다 이제도 보지 못하나 믿고 말할 수 없는 영광스러운 즐거움으로 기뻐하니 ⁹ 믿음

의 결국 곧 영혼의 구원을 받음이라

2. 주인이 맡긴 포도원을 경작하며 지키는 수고를 다한 성도의 사랑

(아가서 1장 5-7절)
⁵ 예루살렘 딸들아 내가 비록 검으나 아름다우니 게달의 장막 같을지라도 솔로몬의 휘장과도 같구나 ⁶ 내가 햇볕에 쬐어서 거무스름할지라도 흘겨보지 말 것은 내 어머니의 아들들이 나에게 노하여 포도원지기로 삼았음이라 나의 포도원을 내가 지키지 못하였구나 ⁷ 내 마음으로 사랑하는 자야 네가 양 치는 곳과 정오에 쉬게 하는 곳을 내게 말하라 내가 네 친구의 양 떼 곁에서 어찌 얼굴을 가린 자 같이 되랴

(데살로니가전서 1장 2-4절)
² 우리가 너희 모두로 말미암아 항상 하나님께 감사하며 기도할 때에 너희를 기억함은 ³ 너희의 믿음의 역사와 사랑의 수고와 우리 주 예수 그리스도에 대한 소망의 인내를 우리 하나님 아버지 앞에서 끊임없이 기억함이니 ⁴ 하나님의 사랑하심을 받은 형제들아 너희를 택하심을 아노라

3. 생명을 다해 서로 사랑하는 솔로몬 왕(그리스도)과 술람미 여인 (성도들)의 사랑

(아가서 1장 8-17절)

[8] (남자) 여인 중에 어여쁜 자야 네가 알지 못하겠거든 양 떼의 발자취를 따라 목자들의 장막 곁에서 너의 염소 새끼를 먹일지니라 [9] 내 사랑아 내가 너를 바로의 병거의 준마에 비하였구나 [10] 네 두 뺨은 땋은 머리털로, 네 목은 구슬 꿰미로 아름답구나 [11] 우리가 너를 위하여 금 사슬에 은을 박아 만들리라 [12] (여자) 왕이 침상에 앉았을 때에 나의 나도 기름이 향기를 뿜어냈구나 [13] 나의 사랑하는 자는 내 품 가운데 몰약 향주머니요 [14] 나의 사랑하는 자는 내게 엔게디 포도원의 고벨화 송이로구나 [15] (남자) 내 사랑아 너는 어여쁘고 어여쁘다 네 눈이 비둘기 같구나 [16] (여자) 나의 사랑하는 자야 너는 어여쁘고 화창하다 우리의 침상은 푸르고 [17] 우리 집은 백향목 들보, 잣나무 서까래로구나

(이사야 62장 4-5절)

[4] 다시는 너를 버림받은 자라 부르지 아니하며 다시는 네 땅을 황무지라 부르지 아니하고 오직 너를 헵시바라 하며 네 땅을 쁄라라 하리니 이는 여호와께서 너를 기뻐하실 것이며 네 땅이 결

혼한 것처럼 될 것임이라 ⁵ 마치 청년이 처녀와 결혼함 같이 네 아들들이 너를 취하겠고 신랑이 신부를 기뻐함 같이 네 하나님이 너를 기뻐하시리라

첫째 날 마음 판에 도장 같이 새길 내용

솔로몬 왕과 술람미 여인의 사랑 노래를 통한 그리스도와 교회의 큰 신비에 대해 묵상합시다.

(에베소서 5장 31-32절)
³¹ 그러므로 사람이 부모를 떠나 그의 아내와 합하여 그 둘이 한 육체가 될지니 ³² 이 비밀이 크도다 나는 그리스도와 교회에 대하여 말하노라

(아가서 8장 6절)
너는 나를 도장 같이 마음에 품고 도장 같이 팔에 두라 사랑은 죽음 같이 강하고 질투는 스올 같이 잔인하며 불길 같이 일어나니 그 기세가 여호와의 불과 같으니라

＊그리움 (나태주)

때로 내 눈에서도 소금물이 나온다

아마도 내 눈 속에는 바다가 한 채씩 살고 있나 보오

둘째 날
왕을 사랑하다가 쇠약해진 술람미 여인
아가서 2장 1-7절

1. 가시나무 가운데 피어난 백합화 같은 성도의 사랑을 칭찬함

(아가서 2장 1-2절)
[1] (여자) 나는 사론의 수선화요 골짜기의 백합화로다 [2] (남자) 여자들 중에 내 사랑은 가시나무 가운데 백합화 같도다

(베드로전서 4장 12-13절)
[12] 사랑하는 자들아 너희를 연단하려고 오는 불 시험을 이상한 일 당하는 것 같이 이상히 여기지 말고 [13] 오히려 너희가 그리스도의 고난에 참여하는 것으로 즐거워하라 이는 그의 영광을 나타내실 때에 너희로 즐거워하고 기뻐하게 하려 함이라

2. 에덴 동산의 생명나무 주님 입술의 열매를 달게 먹는 성도의 사랑 고백

(아가서 2장 3-4절)
³ (여자) 남자들 중에 나의 사랑하는 자는 수풀 가운데 사과나무 같구나 내가 그 그늘에 앉아서 심히 기뻐하였고 그 열매는 내 입에 달았도다 ⁴ 그가 나를 인도하여 잔칫집에 들어갔으니 그 사랑은 내 위에 깃발이로구나

(잠언 3장 18절)
지혜는 그 얻은 자에게 생명 나무라 지혜를 가진 자는 복되도다

3. 솔로몬 왕을 너무 그리워하다가 상사병이 난 술람미 여인

(아가서 2장 5-7절)
⁵ 너희는 건포도로 내 힘을 돕고 사과로 나를 시원하게 하라 내가 사랑하므로 병이 생겼음이라 ⁶ 그가 왼팔로 내 머리를 고이고 오른팔로 나를 안는구나 ⁷ 예루살렘 딸들아 내가 노루와 들사슴을 두고 너희에게 부탁한다 내 사랑이 원하기 전에는 흔들지 말고 깨우지 말지니라

(시편 84편 2절)
내 영혼이 여호와의 궁정을 사모하여 쇠약함이여 내 마음과 육체가 살아 계시는 하나님께 부르짖나이다

둘째 날 마음 판에 도장 같이 새길 내용

　　에덴 동산의 사과 나무 같은 주님의 꿀송이 같은 말씀을 간절히 사모합시다.

(시편 19편 9-10절)
9 여호와를 경외하는 도는 정결하여 영원까지 이르고 여호와의 법도 진실하여 다 의로우니 10 금 곧 많은 순금보다 더 사모할 것이며 꿀과 송이꿀보다 더 달도다

(아가서 8장 6절)
너는 나를 도장 같이 마음에 품고 도장 같이 팔에 두라 사랑은 죽음 같이 강하고 질투는 스올 같이 잔인하며 불길 같이 일어나니 그 기세가 여호와의 불과 같으니라

＊사랑에 답함 (나태주)

예쁘지 않은 것을 예쁘게 보아주는 것이 사랑이다
좋지 않은 것을 좋게 생각해주는 것이 사랑이다
싫은 것도 잘 참아주면서 처음만 그런 것이 아니라
나중까지 아주 나중까지 그렇게 하는 것이 사랑이다

셋째 날

포도원을 허무는 작은 여우 떼를 잡으라!
아가서 2장 8-17절

1. 성도가 경작하여 지키는 포도원(마음 밭)으로 주인이 돌아오는 계절이 다가오고 있습니다.

(아가서 2장 8-13절)

[8] (여자) 내 사랑하는 자의 목소리로구나 보라 그가 산에서 달리고 작은 산을 빨리 넘어오는구나 [9] 내 사랑하는 자는 노루와도 같고 어린 사슴과도 같아서 우리 벽 뒤에 서서 창으로 들여다보며 창살 틈으로 엿보는구나 [10] 나의 사랑하는 자가 내게 말하여 이르기를 (남자) 나의 사랑, 내 어여쁜 자야 일어나서 함께 가자 [11] 겨울도 지나고 비도 그쳤고 [12] 지면에는 꽃이 피고 새가 노래할 때가 이르렀는데 비둘기의 소리가 우리 땅에 들리는구나 [13] 무화과나무에는 푸른 열매가 익었고 포도나무는 꽃을 피워 향기를 토하는구나 나의 사랑, 나의 어여쁜 자야 일어나서 함께 가자

(누가복음 21장 29-31절)

²⁹ 이에 비유로 이르시되 무화과나무와 모든 나무를 보라 ³⁰ 싹이 나면 너희가 보고 여름이 가까운 줄을 자연히 아나니 ³¹ 이와 같이 너희가 이런 일이 일어나는 것을 보거든 하나님의 나라가 가까이 온 줄을 알라

2. 열매를 맺지 못하도록 포도원을 허무는 작은 여우 떼를 잡으라는 주인의 음성에 순종합시다.

(아가서 2장 14-15절)

¹⁴ 바위 틈 낭떠러지 은밀한 곳에 있는 나의 비둘기야 내가 네 얼굴을 보게 하라 네 소리를 듣게 하라 네 소리는 부드럽고 네 얼굴은 아름답구나 ¹⁵ 우리를 위하여 여우 곧 포도원을 허는 작은 여우를 잡으라 우리의 포도원에 꽃이 피었음이라

(마태복음 21장 40-41절)

⁴⁰ 그러면 포도원 주인이 올 때에 그 농부들을 어떻게 하겠느냐 ⁴¹ 그들이 말하되 그 악한 자들을 진멸하고 포도원은 제 때에 열매를 바칠 만한 다른 농부들에게 세로 줄지니이다

3. 백합화 가운데에서 자기 양떼를 먹이시는 목자장을 간절히 기다리는 목자들

(아가서 2장 16-17절)
¹⁶ (여자) 내 사랑하는 자는 내게 속하였고 나는 그에게 속하였도다 그가 백합화 가운데에서 양 떼를 먹이는구나 ¹⁷ 내 사랑하는 자야 날이 저물고 그림자가 사라지기 전에 돌아와서 베데르 산의 노루와 어린 사슴 같을지라

(베드로전서 5장 2-4절)
² 너희 중에 있는 하나님의 양 무리를 치되 억지로 하지 말고 하나님의 뜻을 따라 자원함으로 하며 더러운 이득을 위하여 하지 말고 기꺼이 하며 ³ 맡은 자들에게 주장하는 자세를 하지 말고 양 무리의 본이 되라 ⁴ 그리하면 목자장이 나타나실 때에 시들지 아니하는 영광의 관을 얻으리라

셋째 날 마음 판에 도장 같이 새길 내용

생명수의 강이 흘러나오는 에덴 동산 같은 좋은 마음 밭으로

경작하여 지킵시다.

(마태복음 13장 23절)
좋은 땅에 뿌려졌다는 것은 말씀을 듣고 깨닫는 자니 결실하여 어떤 것은 백 배, 어떤 것은 육십 배, 어떤 것은 삼십 배가 되느니라 하시더라

(아가서 8장 6절)
너는 나를 도장 같이 마음에 품고 도장 같이 팔에 두라 사랑은 죽음 같이 강하고 질투는 스올 같이 잔인하며 불길 같이 일어나니 그 기세가 여호와의 불과 같으니라

*보고 싶다 (나태주)
보고 싶다, 너를 보고 싶다는 생각이 가슴에 차고 가득 차면 문득 너는 내 앞에 나타나고
어둠 속에 촛불 켜지듯 너는 내 앞에 나와서 웃고
보고 싶었다, 너를 보고 싶었다는 말이 입에 차고 가득 차면 문득 너는 나무 아래서 나를 기다린다 내가 지나는 길목에서
풀잎 되어 햇빛 되어 나를 기다린다

넷째 날

밤중에 깨어 일어나 사랑하는 님을 찾아 헤매는 술람미 여인

아가서 3장 1–5절

1. 사슴이 시냇물을 찾기에 갈급함 같이 주님을 찾는 성도의 사랑

(아가서 3장 1절)
(여자) 내가 밤에 침상에서 마음으로 사랑하는 자를 찾았노라 찾아도 찾아내지 못하였노라

(시편 42편 1–2절)
고라 자손의 마스길, 인도자를 따라 부르는 노래
[1] 하나님이여 사슴이 시냇물을 찾기에 갈급함 같이 내 영혼이 주를 찾기에 갈급하니이다 [2] 내 영혼이 하나님 곧 살아 계시는 하나님을 갈망하나니 내가 어느 때에 나아가서 하나님의 얼굴을 뵈올까

2. 밤중에 깨어 일어나 주님을 만나기 원하는 성도의 간절한 기도

(아가서 3장 2-3절)

² 이에 내가 일어나서 성 안을 돌아다니며 마음에 사랑하는 자를 거리에서나 큰 길에서나 찾으리라 하고 찾으나 만나지 못하였노라 ³ 성 안을 순찰하는 자들을 만나서 묻기를 내 마음으로 사랑하는 자를 너희가 보았느냐 하고

(누가복음 18장 7-8절)

⁷ 하물며 하나님께서 그 밤낮 부르짖는 택하신 자들의 원한을 풀어주지 아니하시겠느냐 그들에게 오래 참으시겠느냐 ⁸ 내가 너희에게 이르노니 속히 그 원한을 풀어 주시리라 그러나 인자가 올 때에 세상에서 믿음을 보겠느냐 하시니라

3. 성 안의 순찰자들을 지나치자 마자 사랑하는 님의 달콤한 임재 안에 거하게 됨

(아가서 3장 4-5절)

⁴ 그들을 지나치자마자 마음에 사랑하는 자를 만나서 그를 붙잡고 내 어머니 집으로, 나를 잉태한 이의 방으로 가기까지 놓지

아니하였노라 ⁵ 예루살렘 딸들아 내가 노루와 들사슴을 두고 너희에게 부탁한다 사랑하는 자가 원하기 전에는 흔들지 말고 깨우지 말지니라

(시편 25편 14-16절)
¹⁴ 여호와의 친밀하심이 그를 경외하는 자들에게 있음이여 그의 언약을 그들에게 보이시리로다 ¹⁵ 내 눈이 항상 여호와를 바라봄은 내 발을 그물에서 벗어나게 하실 것임이로다 ¹⁶ 주여 나는 외롭고 괴로우니 내게 돌이키사 나에게 은혜를 베푸소서

넷째 날 마음 판에 도장 같이 새길 내용

목마른 사슴처럼 주님을 간절히 찾는 성도에게 때를 따라 돕는 은혜를 베풀어 주시는 주님

(히브리서 4장 15-16절)
¹⁵ 우리에게 있는 대제사장은 우리의 연약함을 동정하지 못하실 이가 아니요 모든 일에 우리와 똑같이 시험을 받으신 이로되 죄는 없으시니라 ¹⁶ 그러므로 우리는 긍휼하심을 받고 때를 따라

돕는 은혜를 얻기 위하여 은혜의 보좌 앞에 담대히 나아갈 것이니라

(아가서 8장 6절)
너는 나를 도장 같이 마음에 품고 도장 같이 팔에 두라 사랑은 죽음 같이 강하고 질투는 스올 같이 잔인하며 불길 같이 일어나니 그 기세가 여호와의 불과 같으니라

*사랑은 언제나 서툴다 (나태주)
서툴지 않은 사랑은 이미 사랑이 아니다
어제 보고 오늘 보아도 서툴고 새로운 너의 얼굴
낯설지 않은 사랑은 이미 사랑이 아니다
금방 듣고 또 들어도 낯설고 새로운 너의 목소리
어디서 이 사람을 보았던가 … 이 목소리 들었던가 …
서툰 것만이 사랑이다 낯선 것만이 사랑이다
오늘도 너는 내 앞에서 다시 한번 태어나고
오늘도 나는 네 앞에서 다시 한번 죽는다

다섯째 날

사랑과 전쟁
아가서 3장 6–11절

1. 다시 오실 왕과 결혼하기 전에 사랑을 방해하는 원수들과의 전쟁이 있습니다.

(아가서 3장 6–8절)
⁶ (여자) 몰약과 유향과 상인의 여러 가지 향품으로 향내 풍기며 연기 기둥처럼 거친 들에서 오는 자가 누구인가 ⁷ 볼지어다 솔로몬의 가마라 이스라엘 용사 중 육십 명이 둘러쌌는데 ⁸ 다 칼을 잡고 싸움에 익숙한 사람들이라 밤의 두려움으로 말미암아 각기 허리에 칼을 찼느니라

(에베소서 6장 11–13절)
¹¹ 마귀의 간계를 능히 대적하기 위하여 하나님의 전신갑주를 입으라 ¹² 우리의 씨름은 혈과 육을 상대하는 것이 아니요 통치자들과 권세들과 이 어둠의 세상 주관자들과 하늘에 있는 악의 영

들을 상대함이라 ¹³ 그러므로 하나님의 전신갑주를 취하라 이는 악한 날에 너희가 능히 대적하고 모든 일을 행한 후에 서기 위함이라

2. 만세 반석 터 위에 불시험을 이긴 보석 같은 값진 사랑으로 왕의 거처를 건축합시다.

(아가서 3장 9-10절)
⁹ 솔로몬 왕이 레바논 나무로 자기의 가마를 만들었는데 ¹⁰ 그 기둥은 은이요 바닥은 금이요 자리는 자색 깔개라 그 안에는 예루살렘 딸들의 사랑이 엮어져 있구나

(고린도전서 3장 11-13절)
¹¹ 이 닦아 둔 것 외에 능히 다른 터를 닦아 둘 자가 없으니 이 터는 곧 예수 그리스도라 ¹² 만일 누구든지 금이나 은이나 보석이나 나무나 풀이나 짚으로 이 터 위에 세우면 ¹³ 각 사람의 공적이 나타날 터인데 그 날이 공적을 밝히리니 이는 불로 나타내고 그 불이 각 사람의 공적이 어떠한 것을 시험할 것임이라

3. 다시 오실 왕, 어린 양의 공중 혼인 잔치의 기쁨

(아가서 3장 11절)
[11] 시온의 딸들아 나와서 솔로몬 왕을 보라 혼인날 마음이 기쁠 때에 그의 어머니가 씌운 왕관이 그 머리에 있구나

(요한계시록 19장 7-8절)
[7] 우리가 즐거워하고 크게 기뻐하며 그에게 영광을 돌리세 어린 양의 혼인 기약이 이르렀고 그의 아내가 자신을 준비하였으므로 [8] 그에게 빛나고 깨끗한 세마포 옷을 입도록 허락하셨으니 이 세마포 옷은 성도들의 옳은 행실이로다 하더라

다섯째 날 마음 판에 도장 같이 새길 내용

　어둠의 일을 벗고 주 예수 그리스도로 옷 입고 어린 양의 혼인 잔치를 준비합시다.

(로마서 13장 12-14절)
[12] 밤이 깊고 낮이 가까웠으니 그러므로 우리가 어둠의 일을 벗

고 빛의 갑옷을 입자 13 낮에와 같이 단정히 행하고 방탕하거나 술 취하지 말며 음란하거나 호색하지 말며 다투거나 시기하지 말고 14 오직 주 예수 그리스도로 옷 입고 정욕을 위하여 육신의 일을 도모하지 말라

(아가서 8장 6절)
너는 나를 도장 같이 마음에 품고 도장 같이 팔에 두라 사랑은 죽음 같이 강하고 질투는 스올 같이 잔인하며 불길 같이 일어나니 그 기세가 여호와의 불과 같으니라

*능금 나무 아래 (나태주)
한 남자가 한 여자의 손을 잡았다
한 젊은 우주가 또 한 젊은 우주의 손을 잡은 것이다
한 여자가 한 남자의 어깨에 몸을 기댔다
한 젊은 우주가 또 한 젊은 우주의 어깨에 몸을 기댄 것이다
그것은 푸르른 5월 한낮
능금꽃 꽃등을 밝힌 능금나무 아래서였다

여섯째 날

왕의 마음을 빼앗은 술람미 여인의 생명 샘물이 솟아나는 마음 밭

아가서 4장 1-16절

1. 마음을 감찰하시는 주님을 감동시키는 향기로운 향유 냄새 같은 성도의 사랑

(아가서 4장 1-11절)

¹ (남자) 내 사랑 너는 어여쁘고도 어여쁘다 너울 속에 있는 네 눈이 비둘기 같고 네 머리털은 길르앗 산 기슭에 누운 염소 떼 같구나 ² 네 이는 목욕장에서 나오는 털 깎인 암양 곧 새끼 없는 것은 하나도 없이 각각 쌍태를 낳은 양 같구나 ³ 네 입술은 홍색 실 같고 네 입은 어여쁘고 너울 속의 네 뺨은 석류 한 쪽 같구나 ⁴ 네 목은 무기를 두려고 건축한 다윗의 망대 곧 방패 천 개, 용사의 모든 방패가 달린 망대 같고 ⁵ 네 두 유방은 백합화 가운데서 꼴을 먹는 쌍태 어린 사슴 같구나 ⁶ ○날이 저물고 그림자가 사라지기 전에 내가 몰약 산과 유향의 작은 산으로 가리라 ⁷ ○나

의 사랑 너는 어여쁘고 아무 흠이 없구나 ^{8} 내 신부야 너는 레바논에서부터 나와 함께 하고 레바논에서부터 나와 함께 가자 아마나와 스닐과 헤르몬 꼭대기에서 사자 굴과 표범 산에서 내려오너라 ^{9} 내 누이, 내 신부야 네가 내 마음을 빼앗았구나 네 눈으로 한 번 보는 것과 네 목의 구슬 한 꿰미로 내 마음을 빼앗았구나 ^{10} 내 누이, 내 신부야 네 사랑이 어찌 그리 아름다운지 네 사랑은 포도주보다 진하고 네 기름의 향기는 각양 향품보다 향기롭구나 ^{11} 내 신부야 네 입술에서는 꿀 방울이 떨어지고 네 혀 밑에는 꿀과 젖이 있고 네 의복의 향기는 레바논의 향기 같구나

(요한복음 12장 2-3절)

^{2} 거기서 예수를 위하여 잔치할새 마르다는 일을 하고 나사로는 예수와 함께 앉은 자 중에 있더라 ^{3} 마리아는 지극히 비싼 향유 곧 순전한 나드 한 근을 가져다가 예수의 발에 붓고 자기 머리털로 그의 발을 닦으니 향유 냄새가 집에 가득하더라

2. 오직 주님만 들어가서 마실 수 있는 그리스도의 신부의 마음 깊은 곳의 샘물

(아가서 4장 12-15절)

¹² 내 누이, 내 신부는 잠근 동산이요 덮은 우물이요 봉한 샘이로구나 ¹³ 네게서 나는 것은 석류나무와 각종 아름다운 과수와 고벨화와 나도풀과 ¹⁴ 나도와 번홍화와 창포와 계수와 각종 유향목과 몰약과 침향과 모든 귀한 향품이요 ¹⁵ 너는 동산의 샘이요 생수의 우물이요 레바논에서부터 흐르는 시내로구나

(이사야 58장 9-11절)

⁹ 네가 부를 때에는 나 여호와가 응답하겠고 네가 부르짖을 때에는 내가 여기 있다 하리라 만일 네가 너희 중에서 멍에와 손가락질과 허망한 말을 제하여 버리고 ¹⁰ 주린 자에게 네 심정이 동하며 괴로워하는 자의 심정을 만족하게 하면 네 빛이 흑암 중에서 떠올라 네 어둠이 낮과 같이 될 것이며 ¹¹ 여호와가 너를 항상 인도하여 메마른 곳에서도 네 영혼을 만족하게 하며 네 뼈를 견고하게 하리니 너는 물 댄 동산 같겠고 물이 끊어지지 아니하는 샘 같을 것이라

3. 큰 환란의 바람을 이겨낸 성도는 초막절에 왕과 함께 아름다운 열매를 먹으며 잔치합니다.

(아가서 4장 16절)
(여자) 북풍아 일어나라 남풍아 오라 나의 동산에 불어서 향기를 날리라 나의 사랑하는 자가 그 동산에 들어가서 그 아름다운 열매 먹기를 원하노라

(예레미야 31장 12-14절)
^{12} 그들이 와서 시온의 높은 곳에서 찬송하며 여호와의 복 곧 곡식과 새 포도주와 기름과 어린 양의 떼와 소의 떼를 얻고 크게 기뻐하리라 그 심령은 물 댄 동산 같겠고 다시는 근심이 없으리로다 할지어다 ^{13} 그 때에 처녀는 춤추며 즐거워하겠고 청년과 노인은 함께 즐거워하리니 내가 그들의 슬픔을 돌려서 즐겁게 하며 그들을 위로하여 그들의 근심으로부터 기쁨을 얻게 할 것임이라 ^{14} 내가 기름으로 제사장들의 마음을 흡족하게 하며 내 복으로 내 백성을 만족하게 하리라 여호와의 말씀이니라

여섯째 날 마음 판에 도장 같이 새길 내용

오실 왕은 시온산에서 자기 백성의 수치를 제하고 눈물을 씻기시며 연회를 베푸실 것입니다.

(이사야 25장 6-8절)
⁶ 만군의 여호와께서 이 산에서 만민을 위하여 기름진 것과 오래 저장하였던 포도주로 연회를 베푸시리니 곧 골수가 가득한 기름진 것과 오래 저장하였던 맑은 포도주로 하실 것이며 ⁷ 또 이 산에서 모든 민족의 얼굴을 가린 가리개와 열방 위에 덮인 덮개를 제하시며 ⁸ 사망을 영원히 멸하실 것이라 주 여호와께서 모든 얼굴에서 눈물을 씻기시며 자기 백성의 수치를 온 천하에서 제하시리라 여호와께서 이같이 말씀하셨느니라

(아가서 8장 6절)
너는 나를 도장 같이 마음에 품고 도장 같이 팔에 두라 사랑은 죽음 같이 강하고 질투는 스올 같이 잔인하며 불길 같이 일어나니 그 기세가 여호와의 불과 같으니라

*황홀극치 (나태주)

황홀, 눈부심 좋아서 어쩔 줄 몰라함 좋아서

까무러칠 것 같음 어쨌든 좋아서 죽겠음

해 뜨는 것이 황홀이고 해 지는 것이 황홀이고

새 우는 것 꽃 피는 것 황홀이고

강물이 꼬리를 흔들며 바다에 이르는 것 황홀이다

그렇지, 무엇보다 바다 울렁임, 일파만파, 그곳의 노을,

빠져 죽어버리고 싶은 충동이 황홀이다

아니다, 내 앞에 웃고 있는 네가 황홀, 황홀의 극치다

도대체 너는 어디서 온 거냐? 어떻게 온 거냐?

왜 온 거냐? 천 년 전 약속이나 이루려는 듯

일곱째 날

극히 값진 진주 같은 왕을 아는 지식을 따라 사랑하는 술람미 여인

아가서 5장 1-16절

1. 왕이 베푸시는 생명수와 같은 은혜를 간절히 구하는 술람미 여인

(아가서 5장 1-6절)

¹ (남자) 내 누이, 내 신부야 내가 내 동산에 들어와서 나의 몰약과 향 재료를 거두고 나의 꿀송이와 꿀을 먹고 내 포도주와 내 우유를 마셨으니 (예루살렘 여자들) 나의 친구들아 먹으라 나의 사랑하는 사람들아 많이 마시라 ² (여자) 내가 잘지라도 마음은 깨었는데 나의 사랑하는 자의 소리가 들리는구나 문을 두드려 이르기를 (남자) 나의 누이, 나의 사랑, 나의 비둘기, 나의 완전한 자야 문을 열어 다오 내 머리에는 이슬이, 내 머리털에는 밤이슬이 가득하였다 하는구나 ³ 내가 옷을 벗었으니 어찌 다시 입겠으며 내가 발을 씻었으니 어찌 다시 더럽히랴마는 ⁴ 내 사랑

하는 자가 문틈으로 손을 들이밀매 내 마음이 움직여서 [5] 일어나 내 사랑하는 자를 위하여 문을 열 때 몰약이 내 손에서, 몰약의 즙이 내 손가락에서 문빗장에 떨어지는구나 [6] 내가 내 사랑하는 자를 위하여 문을 열었으나 그는 벌써 물러갔네 그가 말할 때에 내 혼이 나갔구나 내가 그를 찾아도 못 만났고 불러도 응답이 없었노라

(이사야 55장 1-3절)

[1] 오호라 너희 모든 목마른 자들아 물로 나아오라 돈 없는 자도 오라 너희는 와서 사 먹되 돈 없이, 값없이 와서 포도주와 젖을 사라 [2] 너희가 어찌하여 양식이 아닌 것을 위하여 은을 달아 주며 배부르게 하지 못할 것을 위하여 수고하느냐 내게 듣고 들을지어다 그리하면 너희가 좋은 것을 먹을 것이며 너희 자신들이 기름진 것으로 즐거움을 얻으리라 [3] 너희는 귀를 기울이고 내게로 나아와 들으라 그리하면 너희의 영혼이 살리라 내가 너희를 위하여 영원한 언약을 맺으리니 곧 다윗에게 허락한 확실한 은혜이니라

2. 다시 오실 왕을 마음을 다해 사랑하기에 받게 되는 상처와 고통

(아가서 5장 7-9절)

⁷ 성 안을 순찰하는 자들이 나를 만나매 나를 쳐서 상하게 하였고 성벽을 파수하는 자들이 나의 겉옷을 벗겨 가졌도다 ⁸ 예루살렘 딸들아 너희에게 내가 부탁한다 너희가 내 사랑하는 자를 만나거든 내가 사랑하므로 병이 났다고 하려무나 ⁹ (예루살렘 여자들) 여자들 가운데에 어여쁜 자야 너의 사랑하는 자가 남의 사랑하는 자보다 나은 것이 무엇인가 너의 사랑하는 자가 남의 사랑하는 자보다 나은 것이 무엇이기에 이같이 우리에게 부탁하는가

(로마서 8장 33-35절)

³³ 누가 능히 하나님께서 택하신 자들을 고발하리요 의롭다 하신 이는 하나님이시니 ³⁴ 누가 정죄하리요 죽으실 뿐 아니라 다시 살아나신 이는 그리스도 예수시니 그는 하나님 우편에 계신 자요 우리를 위하여 간구하시는 자시니라 ³⁵ 누가 우리를 그리스도의 사랑에서 끊으리요 환난이나 곤고나 박해나 기근이나 적신이나 위험이나 칼이랴

3. 예수 그리스도 안에 감추어 두신 지혜와 지식의 모든 보화의 가치를 아는 성도의 찬양

(아가서 5장 10-16절)

[10] (여자) 내 사랑하는 자는 희고도 붉어 많은 사람 가운데에 뛰어나구나 [11] 머리는 순금 같고 머리털은 고불고불하고 까마귀 같이 검구나 [12] 눈은 시냇가의 비둘기 같은데 우유로 씻은 듯하고 아름답게도 박혔구나 [13] 뺨은 향기로운 꽃밭 같고 향기로운 풀언덕과도 같고 입술은 백합화 같고 몰약의 즙이 뚝뚝 떨어지는구나 [14] 손은 황옥을 물린 황금 노리개 같고 몸은 아로새긴 상아에 청옥을 입힌 듯하구나 [15] 다리는 순금 받침에 세운 화반석 기둥 같고 생김새는 레바논 같으며 백향목처럼 보기 좋고 [16] 입은 심히 달콤하니 그 전체가 사랑스럽구나 예루살렘 딸들아 이는 내 사랑하는 자요 나의 친구로다

(골로새서 2장 2-3절)

[2] 이는 그들로 마음에 위안을 받고 사랑 안에서 연합하여 확실한 이해의 모든 풍성함과 하나님의 비밀인 그리스도를 깨닫게 하려 함이니 [3] 그 안에는 지혜와 지식의 모든 보화가 감추어져 있느니라

일곱째 날 마음 판에 도장 같이 새길 내용

죄 많은 우리를 피로 값 주고 사서 왕비로 삼고자 거룩하게 하신 왕의 크신 은혜를 생각해 봅시다.

(에베소서 5장 25-27절)
²⁵ 남편들아 아내 사랑하기를 그리스도께서 교회를 사랑하시고 그 교회를 위하여 자신을 주심 같이 하라 ²⁶ 이는 곧 물로 씻어 말씀으로 깨끗하게 하사 거룩하게 하시고 ²⁷ 자기 앞에 영광스러운 교회로 세우사 티나 주름 잡힌 것이나 이런 것들이 없이 거룩하고 흠이 없게 하려 하심이라

(아가서 8장 6절)
너는 나를 도장 같이 마음에 품고 도장 같이 팔에 두라 사랑은 죽음 같이 강하고 질투는 스올 같이 잔인하며 불길 같이 일어나니 그 기세가 여호와의 불과 같으니라

＊초라한 고백 (나태주)

내가 가진 것을 주었을 때 사람들은 좋아한다

여러 개 가운데 하나를 주었을 때보다 하나 가운데 하나를 주었을 때 더욱 좋아한다

오늘 내가 너에게 주는 마음은 그 하나 가운데 오직 하나

부디 아무 데나 함부로 버리지는 말아다오

여덟째 날
당신은 내 뼈 중의 뼈요 살 중의 살입니다
아가서 6장 1–7절

1. 술람미 여인의 마음 밭에서 양 떼를 먹이며 추수하고 계시는 목자장이신 왕

(아가서 6장 1–3절)
¹ (예루살렘 여자들) 여자들 가운데에서 어여쁜 자야 네 사랑하는 자가 어디로 갔는가 네 사랑하는 자가 어디로 돌아갔는가 우리가 너와 함께 찾으리라 ² (여자) 내 사랑하는 자가 자기 동산으로 내려가 향기로운 꽃밭에 이르러서 동산 가운데에서 양 떼를 먹이며 백합화를 꺾는구나 ³ 나는 내 사랑하는 자에게 속하였고 내 사랑하는 자는 내게 속하였으며 그가 백합화 가운데에서 그 양 떼를 먹이는도다

(베드로전서 5장 1–4절)
¹ 너희 중 장로들에게 권하노니 나는 함께 장로 된 자요 그리스

도의 고난의 증인이요 나타날 영광에 참여할 자니라 ² 너희 중에 있는 하나님의 양 무리를 치되 억지로 하지 말고 하나님의 뜻을 따라 자원함으로 하며 더러운 이득을 위하여 하지 말고 기꺼이 하며 ³ 맡은 자들에게 주장하는 자세를 하지 말고 양 무리의 본이 되라 ⁴ 그리하면 목자장이 나타나실 때에 시들지 아니하는 영광의 관을 얻으리라

2. 오실 왕과 결혼하기 원하는 신부들은 빛의 갑옷을 입고 원수들과 싸우는 군대입니다.

(아가서 6장 4절)
(남자) 내 사랑아 너는 디르사 같이 어여쁘고, 예루살렘 같이 곱고, 깃발을 세운 군대 같이 당당하구나

(고린도후서 10장 3-6절)
³ 우리가 육신으로 행하나 육신에 따라 싸우지 아니하노니 ⁴ 우리의 싸우는 무기는 육신에 속한 것이 아니요 오직 어떤 견고한 진도 무너뜨리는 하나님의 능력이라 모든 이론을 무너뜨리며 ⁵ 하나님 아는 것을 대적하여 높아진 것을 다 무너뜨리고 모든 생각을 사로잡아 그리스도에게 복종하게 하니 ⁶ 너희의 복종이 온

전하게 될 때에 모든 복종하지 않는 것을 벌하려고 준비하는 중에 있노라

3. 정결한 처녀 술람미 여인 당신은 내 뼈 중의 뼈요 살 중의 살입니다.

(아가서 6장 5-7절)
[5] 네 눈이 나를 놀라게 하니 돌이켜 나를 보지 말라 네 머리털은 길르앗 산 기슭에 누운 염소 떼 같고 [6] 네 이는 목욕하고 나오는 암양 떼 같으니 쌍태를 가졌으며 새끼 없는 것은 하나도 없구나 [7] 너울 속의 네 뺨은 석류 한 쪽 같구나

(창세기 2장 23-24절)
[23] 아담이 이르되 이는 내 뼈 중의 뼈요 살 중의 살이라 이것을 남자에게서 취하였은즉 여자라 부르리라 하니라 [24] 이러므로 남자가 부모를 떠나 그의 아내와 합하여 둘이 한 몸을 이룰지로다

여덟째 날 마음 판에 도장 같이 새길 내용

왕의 돕는 베필이 되기를 사모하는 성도는 그리스도의 심장(마음)을 가져야 합니다.

(빌립보서 1장 8절)
내가 예수 그리스도의 심장으로 너희 무리를 얼마나 사모하는지 하나님이 내 증인이시니라

(아가서 8장 6절)
너는 나를 도장 같이 마음에 품고 도장 같이 팔에 두라 사랑은 죽음 같이 강하고 질투는 스올 같이 잔인하며 불길 같이 일어나니 그 기세가 여호와의 불과 같으니라

*기쁨 (나태주)
난초 화분의 휘어진 이파리 하나가 허공에 몸을 기댄다
허공도 따라서 휘어지면서 난초 이파리를 살그머니 보듬어 안는다
그들 사이에 사람인 내가 모르는 잔잔한 기쁨의 강물이 흐른다

아홉째 날
왕의 특별한 총애를 받는 술람미 여인
아가서 6장 8-13절

1. 왕의 정한 날에 특별한 소유로 삼아 총애를 받는 착하고 충성된 종

(아가서 6장 8-9절)
⁸ 왕비가 육십 명이요 후궁이 팔십 명이요 시녀가 무수하되 ⁹ 내 비둘기, 내 완전한 자는 하나뿐이로구나 그는 그의 어머니의 외딸이요 그 낳은 자가 귀중하게 여기는 자로구나 여자들이 그를 보고 복된 자라 하고 왕비와 후궁들도 그를 칭찬하는구나

(잠언 31장 28-31절)
²⁸ 그의 자식들은 일어나 감사하며 그의 남편은 칭찬하기를 ²⁹ 덕행 있는 여자가 많으나 그대는 모든 여자보다 뛰어나다 하느니라 ³⁰ 고운 것도 거짓되고 아름다운 것도 헛되나 오직 여호와를 경외하는 여자는 칭찬을 받을 것이라 ³¹ 그 손의 열매가 그에게로 돌

아갈 것이요 그 행한 일로 말미암아 성문에서 칭찬을 받으리라

2. 시세를 알고 하나님의 백성이 마땅히 행할 것을 알아 오실 왕을 섬기는 군사 된 성도들

(아가서 6장 10-11절)
¹⁰ 아침 빛 같이 뚜렷하고 달 같이 아름답고 해 같이 맑고 깃발을 세운 군대 같이 당당한 여자가 누구인가 ¹¹ (여자) 골짜기의 푸른 초목을 보려고 포도나무가 순이 났는가 석류나무가 꽃이 피었는가 알려고 내가 호도 동산으로 내려갔을 때에

(역대상 12장 32절)
잇사갈 자손 중에서 시세를 알고 이스라엘이 마땅히 행할 것을 아는 우두머리가 이백 명이니 그들은 그 모든 형제를 통솔하는 자이며

3. 왕이 보낸 수레를 타고 어린 양의 혼인잔치에서 왕과 함께 춤추는 술람미 여인

(아가서 6장 12-13절)
¹² 부지중에 내 마음이 나를 내 귀한 백성의 수레 가운데에 이르

게 하였구나 ¹³ (예루살렘 여자들) 돌아오고 돌아오라 술람미 여자야 돌아오고 돌아오라 우리가 너를 보게 하라 너희가 어찌하여 마하나임에서 춤추는 것을 보는 것처럼 술람미 여자를 보려느냐

(예레미야 31장 3-4절)
³ 옛적에 여호와께서 나에게 나타나사 내가 영원한 사랑으로 너를 사랑하기에 인자함으로 너를 이끌었다 하였노라 ⁴ 처녀 이스라엘아 내가 다시 너를 세우리니 네가 세움을 입을 것이요 네가 다시 소고를 들고 즐거워하는 자들과 함께 춤추며 나오리라

아홉째 날 마음 판에 도장 같이 새길 내용

새 예루살렘 성 보좌 앞에서 왕의 얼굴을 대면하는 어린 양의 아내 된 성도들

(요한계시록 22장 1-5절)
¹ 또 그가 수정 같이 맑은 생명수의 강을 내게 보이니 하나님과 및 어린 양의 보좌로부터 나와서 ² 길 가운데로 흐르더라 강 좌우에 생명나무가 있어 열두 가지 열매를 맺되 달마다 그 열매를

맺고 그 나무 잎사귀들은 만국을 치료하기 위하여 있더라 [3] 다시 저주가 없으며 하나님과 그 어린 양의 보좌가 그 가운데에 있으리니 그의 종들이 그를 섬기며 [4] 그의 얼굴을 볼 터이요 그의 이름도 그들의 이마에 있으리라 [5] 다시 밤이 없겠고 등불과 햇빛이 쓸 데 없으니 이는 주 하나님이 그들에게 비치심이라 그들이 세세토록 왕 노릇 하리로다

(아가서 8장 6절)
너는 나를 도장 같이 마음에 품고 도장 같이 팔에 두라 사랑은 죽음 같이 강하고 질투는 스올 같이 잔인하며 불길 같이 일어나니 그 기세가 여호와의 불과 같으니라

*풀 꽃 · 1 (나태주)
자세히 보아야 예쁘다
오래 보아야 사랑스럽다
너도 그렇다.

열째 날
나는 내 사랑하는 님의 것입니다
아가서 7장 1-13절

1. 어린 양이 어디로 인도하든지 따라가는 성도들은 결혼 잔치의 새 포도주를 맛볼 것입니다.

(아가서 7장 1-9절)

¹ (남자) 귀한 자의 딸아 신을 신은 네 발이 어찌 그리 아름다운가 네 넓적다리는 둥글어서 숙련공의 손이 만든 구슬 꿰미 같구나 ² 배꼽은 섞은 포도주를 가득히 부은 둥근 잔 같고 허리는 백합화로 두른 밀단 같구나 ³ 두 유방은 암사슴의 쌍태 새끼 같고 ⁴ 목은 상아 망대 같구나 눈은 헤스본 바드랍빔 문 곁에 있는 연못 같고 코는 다메섹을 향한 레바논 망대 같구나 ⁵ 머리는 갈멜 산 같고 드리운 머리털은 자주 빛이 있으니 왕이 그 머리카락에 매이었구나 ⁶ 사랑아 네가 어찌 그리 아름다운지, 어찌 그리 화창한지 즐겁게 하는구나 ⁷ 네 키는 종려나무 같고 네 유방은 그 열매송이 같구나 ⁸ 내가 말하기를 종려나무에 올라가서 그 가지를

잡으리라 하였나니 네 유방은 포도송이 같고 네 콧김은 사과 냄새 같고 [9] 네 입은 좋은 포도주 같을 것이니라 (여자) 이 포도주는 내 사랑하는 자를 위하여 미끄럽게 흘러내려서 자는 자의 입을 움직이게 하느니라

(요한복음 2장 9-10절)
[9] 연회장은 물로 된 포도주를 맛보고도 어디서 났는지 알지 못하되 물 떠온 하인들은 알더라 연회장이 신랑을 불러 [10] 말하되 사람마다 먼저 좋은 포도주를 내고 취한 후에 낮은 것을 내거늘 그대는 지금까지 좋은 포도주를 두었도다 하니라

2. 자기 몸을 하나님이 기뻐하시는 거룩한 산 제물로 드린 성도에게 베푸시는 특별한 은총

(아가서 7장 10절)
나는 내 사랑하는 자에게 속하였도다 그가 나를 사모하는구나

(말라기 3장 16-18절)
[16] 그 때에 여호와를 경외하는 자들이 피차에 말하매 여호와께서 그것을 분명히 들으시고 여호와를 경외하는 자와 그 이름을 존

중히 여기는 자를 위하여 여호와 앞에 있는 기념책에 기록하셨느니라 [17] 만군의 여호와가 이르노라 나는 내가 정한 날에 그들을 나의 특별한 소유로 삼을 것이요 또 사람이 자기를 섬기는 아들을 아낌 같이 내가 그들을 아끼리니 [18] 그 때에 너희가 돌아와서 의인과 악인을 분별하고 하나님을 섬기는 자와 섬기지 아니하는 자를 분별하리라

3. 생명의 성령의 법으로 새 결혼 언약을 맺은 성도가 왕께 드리는 참 예배의 아름다운 향기

(아가서 7장 11-13절)
[11] 내 사랑하는 자야 우리가 함께 들로 가서 동네에서 유숙하자 [12] 우리가 일찍이 일어나서 포도원으로 가서 포도 움이 돋았는지, 꽃술이 퍼졌는지, 석류 꽃이 피었는지 보자 거기에서 내가 내 사랑을 네게 주리라 [13] 합환채가 향기를 뿜어내고 우리의 문 앞에는 여러 가지 귀한 열매가 새 것, 묵은 것으로 마련되었구나 내가 내 사랑하는 자 너를 위하여 쌓아 둔 것이로다

(요한복음 4장 23-24절)
[23] 아버지께 참되게 예배하는 자들은 영과 진리로 예배할 때가

오나니 곧 이 때라 아버지께서는 자기에게 이렇게 예배하는 자들을 찾으시느니라 ²⁴ 하나님은 영이시니 예배하는 자가 영과 진리로 예배할지니라

열째 날 마음 판에 도장 같이 새길 내용

　왕의 궁정에서 왕비로 함께 살기를 갈망하는 성도에게 베푸시는 특별한 은총을 묵상합시다.

(시편 84편 10-12절)
¹⁰ 주의 궁정에서의 한 날이 다른 곳에서의 천 날보다 나은즉 악인의 장막에 사는 것보다 내 하나님의 성전 문지기로 있는 것이 좋사오니 ¹¹ 여호와 하나님은 해요 방패이시라 여호와께서 은혜와 영화를 주시며 정직하게 행하는 자에게 좋은 것을 아끼지 아니하실 것임이니이다 ¹² 만군의 여호와여 주께 의지하는 자는 복이 있나이다

(아가서 8장 6절)
너는 나를 도장 같이 마음에 품고 도장 같이 팔에 두라 사랑은

죽음 같이 강하고 질투는 스올 같이 잔인하며 불길 같이 일어나니 그 기세가 여호와의 불과 같으니라

* 날마다 기도 (나태주)
간구의 첫 번째 사람은 너이고
참회의 첫 번째 이름 또한 너이다

열한째 날
죽음의 두려움을 이기는 온전한 사랑
아가서 8장 1-7절

1. 왕을 향한 사랑을 방해하는 유혹을 물리치기를 간절히 원하는 술람미 여인

(아가서 8장 1-4절)

¹ (여자) 네가 내 어머니의 젖을 먹은 오라비 같았더라면 내가 밖에서 너를 만날 때에 입을 맞추어도 나를 업신여길 자가 없었을 것이라 ² 내가 너를 이끌어 내 어머니 집에 들이고 네게서 교훈을 받았으리라 나는 향기로운 술 곧 석류즙으로 네게 마시게 하겠고 ³ 너는 왼팔로는 내 머리를 고이고 오른손으로는 나를 안았으리라 ⁴ 예루살렘 딸들아 내가 너희에게 부탁한다 내 사랑하는 자가 원하기 전에는 흔들지 말며 깨우지 말지니라

(요한일서 2장 15-17절)

¹⁵ 이 세상이나 세상에 있는 것들을 사랑하지 말라 누구든지 세

상을 사랑하면 아버지의 사랑이 그 안에 있지 아니하니 [16] 이는 세상에 있는 모든 것이 육신의 정욕과 안목의 정욕과 이생의 자랑이니 다 아버지께로부터 온 것이 아니요 세상으로부터 온 것이라 [17] 이 세상도, 그 정욕도 지나가되 오직 하나님의 뜻을 행하는 자는 영원히 거하느니라

2. 오직 위에 있는 예루살렘, 어머니가 해산의 진통을 한 곳에서 왕이 잠이든 신부를 깨움

(아가서 8장 5절)
(예루살렘 여자들) 그의 사랑하는 자를 의지하고 거친 들에서 올라오는 여자가 누구인가 (남자) 너로 말미암아 네 어머니가 고생한 곳 너를 낳은 자가 애쓴 그 곳 사과나무 아래에서 내가 너를 깨웠노라

(갈라디아서 4장 22-27절)
[22] 기록된 바 아브라함에게 두 아들이 있으니 하나는 여종에게서, 하나는 자유 있는 여자에게서 났다 하였으며 [23] 여종에게서는 육체를 따라 났고 자유 있는 여자에게서는 약속으로 말미암았느니라 [24] 이것은 비유니 이 여자들은 두 언약이라 하나는 시

내 산으로부터 종을 낳은 자니 곧 하갈이라 ²⁵ 이 하갈은 아라비아에 있는 시내 산으로서 지금 있는 예루살렘과 같은 곳이니 그가 그 자녀들과 더불어 종 노릇 하고 ²⁶ 오직 위에 있는 예루살렘은 자유자니 곧 우리 어머니라 ²⁷ 기록된 바 잉태하지 못한 자여 즐거워하라 산고를 모르는 자여 소리 질러 외치라 이는 홀로 사는 자의 자녀가 남편 있는 자의 자녀보다 많음이라 하였으니

3. 주님이 먼저 죽기까지 사랑했기에 성도도 온전한 사랑으로 두려움을 이길 수 있습니다.

(아가서 8장 6-7절)
⁶ (여자) 너는 나를 도장 같이 마음에 품고 도장 같이 팔에 두라 사랑은 죽음 같이 강하고 질투는 스올 같이 잔인하며 불길 같이 일어나니 그 기세가 여호와의 불과 같으니라 ⁷ 많은 물도 이 사랑을 끄지 못하겠고 홍수라도 삼키지 못하나니 사람이 그의 온 가산을 다 주고 사랑과 바꾸려 할지라도 오히려 멸시를 받으리라

(요한일서 4장 17-19절)
¹⁷ 이로써 사랑이 우리에게 온전히 이루어진 것은 우리로 심판 날에 담대함을 가지게 하려 함이니 주께서 그러하심과 같이 우

리도 이 세상에서 그러하니라 ¹⁸ 사랑 안에 두려움이 없고 온전한 사랑이 두려움을 내쫓나니 두려움에는 형벌이 있음이라 두려워하는 자는 사랑 안에서 온전히 이루지 못하였느니라 ¹⁹ 우리가 사랑함은 그가 먼저 우리를 사랑하셨음이라

열한 째 날 마음 판에 도장 같이 새길 내용

정결한 신부를 낳고자 겟세마네에서 해산의 진통을 하셨던 주님의 사랑을 묵상합시다.

(누가복음 22장 42-44절)
⁴² 이르시되 아버지여 만일 아버지의 뜻이거든 이 잔을 내게서 옮기시옵소서 그러나 내 원대로 마시옵고 아버지의 원대로 되기를 원하나이다 하시니 ⁴³ 천사가 하늘로부터 예수께 나타나 힘을 더하더라 ⁴⁴ 예수께서 힘쓰고 애써 더욱 간절히 기도하시니 땀이 땅에 떨어지는 핏방울 같이 되더라

(아가서 8장 6절)
너는 나를 도장 같이 마음에 품고 도장 같이 팔에 두라 사랑은

죽음 같이 강하고 질투는 스올 같이 잔인하며 불길 같이 일어나니 그 기세가 여호와의 불과 같으니라

* 행복 (나태주)

저녁 때 돌아갈 집이 있다는 것

힘들 때 마음속으로 생각할 사람이 있다는 것

외로울 때 혼자서 부를 노래 있다는 것

열두째 날
어린 양의 혼인 잔치에 참여합시다
아가서 8장 8-14절

1. 유업을 이을 자가 정한 때까지 후견인과 청지기의 도움을 받아 결혼식 준비를 잘 해야 합니다.

(아가서 8장 8-10절)
⁸ (여자의 오빠들) 우리에게 있는 작은 누이는 아직도 유방이 없구나 그가 청혼을 받는 날에는 우리가 그를 위하여 무엇을 할까 ⁹ 그가 성벽이라면 우리는 은 망대를 그 위에 세울 것이요 그가 문이라면 우리는 백향목 판자로 두르리라 ¹⁰ (여자) 나는 성벽이요 내 유방은 망대 같으니 그러므로 나는 그가 보기에 화평을 얻은 자 같구나

(요한계시록 19장 7-9절)
⁷ 우리가 즐거워하고 크게 기뻐하며 그에게 영광을 돌리세 어린 양의 혼인 기약이 이르렀고 그의 아내가 자신을 준비하였으므로

⁸ 그에게 빛나고 깨끗한 세마포 옷을 입도록 허락하셨으니 이 세마포 옷은 성도들의 옳은 행실이로다 하더라 ⁹ 천사가 내게 말하기를 기록하라 어린 양의 혼인 잔치에 청함을 받은 자들은 복이 있도다 하고 또 내게 말하되 이것은 하나님의 참되신 말씀이라 하기로

2. 포도원 주인은 품꾼들의 충성을 받고 포도 열매를 추수한 품꾼들은 약속한 삯을 받습니다.

(아가서 8장 11-12절)
¹¹ 솔로몬이 바알하몬에 포도원이 있어 지키는 자들에게 맡겨 두고 그들로 각기 그 열매로 말미암아 은 천을 바치게 하였구나 ¹² 솔로몬 너는 천을 얻겠고 열매를 지키는 자도 이백을 얻으려니와 내게 속한 내 포도원은 내 앞에 있구나

(마태복음 20장 8절)
저물매 포도원 주인이 청지기에게 이르되 품꾼들을 불러 나중 온 자로부터 시작하여 먼저 온 자까지 삯을 주라 하니

3. 하늘에 있는 신랑과 땅에 있는 신부가 결혼할 날을 간절히 기다리고 있습니다.

(아가서 8장 13-14절)

[13] (남자) 너 동산에 거주하는 자야 친구들이 네 소리에 귀를 기울이니 내가 듣게 하려무나 [14] (여자) 내 사랑하는 자야 너는 빨리 달리라 향기로운 산 위에 있는 노루와도 같고 어린 사슴과도 같아라

(빌립보서 3장 12-14절)

[12] 내가 이미 얻었다 함도 아니요 온전히 이루었다 함도 아니라 오직 내가 그리스도 예수께 잡힌 바 된 그것을 잡으려고 달려가노라 [13] 형제들아 나는 아직 내가 잡은 줄로 여기지 아니하고 오직 한 일 즉 뒤에 있는 것은 잊어버리고 앞에 있는 것을 잡으려고 [14] 푯대를 향하여 그리스도 예수 안에서 하나님이 위에서 부르신 부름의 상을 위하여 달려가노라

열두째 날 마음 판에 도장 같이 새길 내용

왕이 신부와 함께 살 거처를 예비하는 동안 왕을 사랑하며 말

씀에 순종해야 합니다.

(요한복음 14장 23-24절)
²³ 예수께서 대답하여 이르시되 사람이 나를 사랑하면 내 말을 지키리니 내 아버지께서 그를 사랑하실 것이요 우리가 그에게 가서 거처를 그와 함께 하리라 ²⁴ 나를 사랑하지 아니하는 자는 내 말을 지키지 아니하나니 너희가 듣는 말은 내 말이 아니요 나를 보내신 아버지의 말씀이니라

하나님의 영으로 인도함을 받으라

초판 1쇄 2025년 8월 15일

지 은 이 | 박진석

발 행 인 | 김수홍
편   집 | 김설향
디 자 인 | 사라박
펴 낸 곳 | 도서출판 하영인
등   록 | 제504-2023-000008호
주   소 | 경상북도 포항시 북구 대신로 33 6층 601호(대신동)
전   화 | 054) 270-1018
블 로 그 | https://blog.naver.com/navhayoungin
이 메 일 | hayoungin814@gmail.com
인스타그램 | https://www.instagram.com/hayoungin7

ISBN 979-11-92254-25-8
값 16,000원

※ 낙장 · 파본은 교환해 드립니다.

도서출판 하영인은 (주)투웰브마운틴즈 산하 출판 브랜드입니다.
저작권법에 의해 보호받는 저작물이므로 무단 전재 및 복제를 금합니다.